# Die Wiederentdeckung des freien Journalismus

*Gerry Michel*

# Die Wiederentdeckung des freien Journalismus

*Bibliografische Information der Deutschen Nationalbibliothek:
Die Deutsche Nationalbibliothek verzeichnet diese Publikation
in der Deutschen Nationalbibliografie; detaillierte bibliografische Daten sind im Internet über http://dnb.dnb.de abrufbar.*

*© 2015 Gerry Michel*

*Lektorat: Daniel Schöni*
*Titelbild: Gerry Michel*

*Herstellung und Verlag: BoD – Books on Demand, Norderstedt*

*ISBN: 978-3-7386-1081-9*

**Inhaltsverzeichnis:**                                        **Seite**

# 1 Vorwort

Unsere Gesellschaft ist geprägt vom Informationszeitalter. So viele Informationen wie heute sind in der Vergangenheit noch nie auf den Bürger niedergeprasselt. Umso schwerer wird die Unterscheidung zwischen wahren und unwahren Berichten. Viele Menschen gehen deshalb dazu über, dass sie glauben, was die Mehrheit um sie herum glaubt, bzw. was in den Mainstream-Medien gedruckt, ausgestrahlt oder gesendet wird.

Diese Haltung ist im Grunde gut, weil man davon ausgehen kann, dass sich so viele verschiedene und unabhängige Menschen und Medien nicht täuschen können. Was passiert jedoch, wenn die Medien nicht mehr unabhängig sind, wenn mittels Propaganda-Maschinerie die Meinung beeinflusst wird und so mehrere Völker gegen selbst gezeichnete Feindbilder aufgewiegelt werden? Deshalb ist es von enormer Wichtigkeit, dass die Medien Journalismus frei betreiben können – aufgrund von Fakten, eigenen wissenschaftlichen Recherchen und unabhängiger Berichterstattung.

Stellen Sie sich vor, wie eine Welt aussehen würde, wenn eine kleine Gruppe Menschen mit persönlichen Interessen nahezu alle Medien im Westen insofern kontrollieren würde, dass diese Gruppe vollständig bestimmen könnte, was gedruckt und was nicht gedruckt wird, bzw. sogar Lügen für eigene Zwecke verbreiten könnte. Das Resultat wäre, dass die Meinung vom Volk mittels manipulativem Journalismus gesteuert würde. Kriegshetze, Aufwiegelei gegen bestimmte Länder oder Volksgruppen könnten gezielt eingesetzt werden, um Kriege zu entfachen, Völker zu spalten oder Länder zu destabilisieren, einfach weil die Leute den Mainstream-Medien vertrauen und ihnen uneingeschränkten und ungeprüften Glauben schenken.

**Zum Glück ist es bei uns nicht so! ... Sind Sie sicher?**

In den folgenden Kapiteln zeige ich Ihnen einige Beispiele aus der westlichen Berichterstattung, die eine massive Propaganda-Maschinerie vermuten lassen. Gleichzeitig mehren sich insbesondere im Internet die Geister, welche den fehlenden freien Journalismus auszugleichen versuchen, indem auf You-Tube und anderen Kanälen Videos und Texte veröffentlicht werden, die in nahezu allen westlichen Mainstream-Medien unterdrückt werden. Die teils massive einseitige Berichterstattung der Mainstream-Medien lässt nur noch den Schluss zu, dass sie von den Profiteuren dieses unfreien Journalismus kontrolliert wird.

Das bringt uns auf die Frage, wer denn daran profitiert. Dies möchte ich in den folgenden Kapiteln zu den einzelnen Themen erörtern.

Eigentlich kann man zusammenfassend sagen, dass wir heute in einem Informationskrieg leben. Die verschiedenen Parteien indoktrinieren mittels Propaganda die Meinung ihrer eigenen und fremder Völker. Das kann man ruhig auch als Gehirnwäsche bezeichnen, die täglich über Fernsehen, Radio, Zeitung und Internet stattfindet.

Wie kann man diesem Angriff auf die eigene Meinung entgegentreten oder ausweichen? Es gibt Möglichkeiten:

1. Den Mainstream-Medien mit gesundem Misstrauen gegenübertreten (konkret: weniger glauben, mehr prüfen).

2. Weniger Mainstream-Medien und mehr freie Medien konsumieren. Freie Medien sind meist diejenigen Medien, die einem nicht serviert werden, sondern die über

das Internet selbst gesucht und recherchiert werden müssen.

3. Eine Technik erlernen, um manipulative Textteile zu erkennen.
4. Eigenen gesunden Menschenverstand vor uneingeschränkten Glauben an die Mainstream-Medien setzen.
5. Sich aktiv für freien Journalismus einsetzen.

Vielleicht gibt es noch andere Wege. Ich glaube, wir brauchen in der heutigen Zeit Leute, welche Wahrheiten aufdecken und Frieden vermitteln. Gleichzeitig müssen wir Leute in die Schranken weisen, welche Unwahrheiten verbreiten, Kriegshetze betreiben und Völkerrecht und Menschenrecht brechen. Wenn wir erwachen und uns aktiv darum bemühen, können wir ein goldenes Zeitalter erschaffen, wo Kriege und Ausbeuterei keinen Platz mehr finden.

Ich wünsche dem ganzen Planeten viel Erfolg auf dem Weg ins goldene Zeitalter.

## 2 Beispiele manipulativer Berichterstattung

### 2.1 Ist ein Kernreaktor oder das Sonnenlicht riskanter?

Lesen Sie den nachfolgenden Bericht aus einer Zeitung:

Zitat Beginn:

„Was finden Sie riskanter: einen Kernreaktor oder das Sonnenlicht? Und welche Todesursache fordert Ihrer Meinung nach weltweit effektiv am meisten Opfer: Krieg, Suizid oder Mord?

Die schlimmsten Nuklearunfälle in der Geschichte sind Tschernobyl und Fukushima. Laut Schätzungen zu Folge ist man in der Ukraine von mehr als 10'000 Toten ausgegangen. 25 Jahre später sind weniger als 100 Tote zu beklagen. In Japan forderte die Katastrophe mehr als 1'600 Opfer. Gleichzeitig sterben jährlich weltweit in der Schweiz und Deutschland zusammen 3'300 Menschen an Hautkrebs, der gewöhnlich durch übermässige Einwirkung von Sonnenstrahlung verursacht wird. In den meisten Jahren kommen weniger Menschen durch Kriege zu Tode als durch Mord. Die Anzahl der Menschen, die sich das Leben nehmen, ist fast doppelt so hoch wie die Anzahl der Ermordeten." - Zitat Ende.

Wie ist Ihre Meinung, nachdem Sie obigen Bericht gelesen haben? Denken Sie jetzt, dass Atomunfälle gar nicht so gefährlich sind? Denken Sie jetzt, dass in der Schweiz und Deutschland zusammen 3'300 Menschen an Hautkrebs sterben, welche durch Sonneneinstrahlung entstand? Denken Sie jetzt, dass die Anzahl der Toten durch Morde höher sind, als die durch Kriege? Wenn ja, dann hat der Autor sein Ziel der Meinungsmanipulation erreicht.

Ich seziere nun einige Satzteile dieses Berichts.

1. Teil: „…25 Jahre später sind weniger als 100 Tote zu beklagen.“
   a. Sind 100 Tote nicht 100 Tote zu viel?
   b. Woher stammt diese Zahl? Entspricht diese der Wahrheit? Wurden alle mitgezählt, die nicht sofort, aber zu früh aufgrund der Nachwirkungen sterben mussten oder noch werden?
   c. Was ist mit den Invaliden aufgrund Verstrahlungen?
   d. Was ist mit den Missgeburten und Missbildungen bei Geburten aufgrund der Verstrahlungen?
   e. Oder soll dieser Satz bedeuten, dass 25 Jahre später immer noch Leute sterben, aber weniger als 100 pro Jahr?
2. Teil: „…In Japan forderte die Katastrophe mehr als 1'600 Opfer.…“
   a. Sind 1600 Opfer nicht 1600 Opfer zu viel?
   b. Was heisst „mehr als 1'600“? Sind es 2'000, 10'000 oder 100'000? Alle diese Zahlen sind mehr als 1'600.
   c. Wie viele der heute noch lebenden verstrahlten Menschen werden zu früh sterben? Wo sind diese in der Statistik aufgeführt?
   d. Was ist mit den Invaliden, Missgeburten und Missbildungen bei Geburten?
3. Teil: „…Gleichzeitig sterben jährlich weltweit in der Schweiz und Deutschland zusammen 3'300 Menschen an Hautkrebs, der gewöhnlich durch übermässige Einwirkung von Sonnenstrahlung verursacht wird…“
   a. 3'300 Menschen weltweit oder nur in der Schweiz und Deutschland?

b. Oder wurde die Zahl der Schweiz und Deutschland noch einmal zu weltweit dazugezählt, damit eine grössere Zahl erreicht wird (doppelt kumulativ)?

c. Was heisst „gewöhnlich"? 5%, 10%, 50% oder 90%? „gewöhnlich" ist sehr ungenau.

4. Teil: „In den meisten Jahren kommen weniger Menschen durch Kriege zu Tode als durch Mord."

a. In diesem Satz wird nur gesagt, dass ***in den meisten Jahren*** weniger Menschen durch Kriege als durch Mord zu Tode kommen. Was bedeutet „meisten Jahre" genau: 51%, 75%, 90%?

b. Wie viele Tote sind es in effektiven Zahlen über die Jahre hinweg? Es könnte ja sein, dass in 4 Jahren je 1000 Tote durch Mord und je 800 Tote durch Krieg entstanden sind und im fünften Jahr wieder 1000 Tote durch Mord aber diesmal 100'000 Tote durch Krieg. In Ganzzahlen über die 5 Jahre bedeutet das 5000 Tote durch Mord und 103'200 Tote durch Kriege.

Sie sehen, der Autor versucht uns insofern zu beeinflussen, dass wir Kernkraftwerke als nicht so gefährlich erachten, und dass Kriege nicht so schlimm seien. Beides bezweifle ich. Nun kommt die nächste Frage:

„Wer könnte an solchen Meinungen Interesse haben?"

Ich denke, dass Kernkraftwerk-Befürworter, –Inhaber und –Beteiligte einen Vorteil daraus ziehen könnten. Weiter dient diese Meinung Kriegsbefürwortern, und –Hetzern, sowie der Waffenindustrie und denen, welche diese finanzieren. Zudem kann es dem Herunterspielen von Uran-angereicherten Geschossen dienen. Fazit: Höchstwahrscheinlich ist eine dieser Gruppierungen verantwortlich dafür, dass dieser Text so geschrieben wurde.

Was haben Sie jetzt für eine Meinung?

Ich möchte Sie nicht beeinflussen, sondern zeigen, wie bestimmte Texte in die Irre führen können. Ich würde es schätzen, wenn Sie künftig alle Informationen kritisch nach solchen Betrachtungen hinterfragen, damit Sie schliesslich möglichst nahe an die Wahrheit herankommen, denn es ist heute an der Tagesordnung, dass die Mainstream-Medien lügen, verschweigen und absichtlich fehlinformieren. Dem können wir entgegentreten, indem wir Geschriebenes kritisch hinterfragen und nicht einfach gläubig und ungeprüft übernehmen.

## 2.2 Verschwörungstheorien

Ich habe in der Zeitung einmal einen Bericht über Verschwörungstheorien gelesen, welcher diese in der Gesamtheit ins Lächerliche zog und mit einem Stempel „bullshit" versehen wollte. Ich habe dann folgenden Leserbrief an die Redaktion der Zeitung geschrieben:

Zitat Beginn:

„Ich habe mit Interesse den Artikel über das Verschwörungsdenken von Christoph Bopp in der AZ-Ausgabe vom 09.08.2003 gelesen. Wenn ich mich nicht täusche, versucht Bopp mit dem Artikel die Verschwörungstheorien ins Lächerliche zu ziehen. Es ist richtig, dass gewisse Theorien an den Haaren herbeigezogen scheinen, auf der anderen Seite gibt es aber auch Theorien, die eigentlich nicht mehr als solche bezeichnet werden dürften, weil die Indizien und Beweise klar eine andere Sprache sprechen. Umso verwunderlicher ist es, dass dann die offiziellen Organe der Regierungen diese offensichtlichen Beweise und Indizien zu vertuschen versuchen. Diese Diskrepanz scheint Bopp in seinem Bericht völlig auszublenden, wie wenn es diese gar nicht gäbe.

Nehmen wir z.B. den Kennedy-Mord. Bopp schreibt, dass die Suche nach Mittätern von Oswald im Vorwurf der Verschwörungstheoretiker endet, die eigene Regierung oder mindestens ihre Hintermänner hätten Kennedy umgebracht. Bopp scheint dies suspekt zu sein. Für mich ist es ganz logisch, dass man bei der Regierung sucht, die ja bis heute die tatsächlichen Hintergründe unter Verschluss hält. Zudem waren bei den Vertuschungsaktionen fast sämtliche Organe der Regierung involviert, was wiederum den Verdacht auf die Regierung lenkt. Wenn die Regierung wirklich keinen Dreck am Stecken hätte, müsste sie sich doch nicht an Vertuschungsaktionen beteiligen und schon gar nicht diese decken.

Die Frage ist, warum dieser Artikel in der AZ auf einer ganzen Seite und interessanterweise „zufällig" neben dem Thema vom 11. September 2001 abgebildet wird. Ich vermute, dass mein Artikel nicht denselben Umfang und Platz in der AZ erhalten wird. Aber untermauert das nicht wieder die Verschwörungstheorien? Warum wird manipulativ die Meinung, die Verschwörungstheorien ins Lächerliche zieht, gross abgebildet, während andere Meinungen klein oder gar nicht abgebildet bleiben? Es gibt sicherlich nicht weniger Autoren, die bestimmte Theorien unterstützen. Daran kann es nicht liegen. Es ist sicherlich auch kein Zufall, dass die offiziellen Meinungen grösser geschrieben werden, sonst könnte es ja zufällig auch mal in die andere Richtung drehen; aber tut es das? Zuletzt bleibt der Verdacht, dass es manipulativ sein soll, d.h. die Leute, die Verschwörungstheorien hegen, sollen ins Lächerliche gezogen werden, damit die grosse Masse nicht mehr daran glaubt. Welchen anderen Zweck könnte eine solche Manipulation überhaupt verfolgen, ausser dass die Verfasser oder deren Auftraggeber selbst in das Thema verwickelt wären und sich damit die Feinde, die die Wahrheit aufzudecken versuchen, vom Hals zu halten?

Ich kann nur hoffen, dass dieser Bericht in der gleichen Grösse und fair abgedruckt wird und dass die Leser immer noch fähig sind, selbständig zu denken. Solange jeder logisch überlegen kann, wird er die Wahrheit anhand der Logik immer wieder herausfinden, auch wenn die Presse und/oder Regierung, dies zu verhindern versuchen. Der einzige Weg, nicht auf manipulative Texte hereinzufallen, ist, diese kritisch und auf Logik hin zu untersuchen. Was wurde im Text nicht erwähnt, was wichtig wäre? Was wurde zeitlich verdreht? Was wurde in der falschen

Reihenfolge wiedergegeben? Welches sind Kommentare? Welches sind Tatsachen? Wenn eines dieser Manipulationen festgestellt wird, muss automatisch die Zusatzfrage gestellt werden: „Warum wurde hier versucht zu manipulieren? Wer könnte an dieser Manipulation ein Interesse haben?"

Es gibt ganz bestimmt viele Theorien, die falsch sind. Bopp aber behauptet, dass sämtliche Verschwörungstheorien bullshit sind. Demnach betreibt er Polemik statt Sachlichkeit. Er vertritt absolut voreingenommen die offizielle Version, ohne es genau zu wissen, schliesslich bleibt auch ihm nichts anderes übrig, als die Zeitungsberichte zu glauben, ohne jeden bewiesen haben zu wollen!

Am unvoreingenommensten sind diejenigen, welche Daten und Wissen sammeln, ohne bereits ein Urteil zu fällen, die weitersammeln und versuchen ein Gesamtbild zu erstellen. Ich glaube, dass gewisse „Verschwörungstheoretiker" mehr Wissen und Daten angesammelt haben und darauf ihr Gesamturteil abstützen, als woher Bopp sein Anti-Verschwörungsdenken herführt. Ich behaupte dies nicht, aber Bopps Bericht macht den entsprechenden Anschein." – Zitat Ende

Zusammengefasst kann ich festhalten, dass die Presse versucht, mit gezielten Aktionen und Berichten alle anders denkenden Menschen als Verschwörungstheoretiker in einen Topf zu werfen und diese somit als unglaubwürdig abzustempeln. Genau deshalb habe ich meinen Leserbrief geschrieben, der natürlich so nie abgedruckt wurde...wie zu erwarten war.

Dass der Bericht von Bopp genau neben dem Thema 11. September 2001 platziert war, hatte auch seinen strategischen Grund. Alle möglichen aufkeimenden anderen Versionen, als die gedruckte offizielle Version der Bush-Regierung, sollten damit im Keim erstickt werden, denn niemand setzt sich gerne einer Verunglimpfung seiner Freunde und Umgebung aus, welche alle anders lautenden Ideen als „Verschwörungstheorien" und somit als lächerlich bezeichnen. Das ist mitunter eine bewährte Strategie, um Andersdenkende mundtot zu machen.

Wer steckt hinter dieser Manipulation? Oder anders formuliert, wer profitiert von dieser Manipulation? Richtig, die wahren Schuldigen des Anschlags, denn nur die haben ein Interesse daran, die Wahrheiten zu vertuschen. Die Regel ist eigentlich ganz einfach: Wer vertuscht, ist schuldig. Wer enthüllt, sucht die Wahrheit.

## 2.3 Um 180 Grad verdrehte Tatsachen

Leider haben wir es gerade in der aktuellen Ukraine-Krise mit einer riesigen Vertuschungs-, Verdrehungs- und Presse-Propaganda-Aktion zu tun, in welche die USA, EU, NATO und die westlichen Medien involviert sind. Ich habe deshalb die folgenden Leserbriefe geschrieben:

### Ukraine-Krise in einem anderen Licht

Ständig wird uns über die Massenmedien eingepaukt, dass Russland an der Ukraine-Krise schuld sei. Es gibt jedoch auch eine andere Sicht. Haben Sie gewusst, dass die heutige Kiewer-Regierung eine verfassungswidrige durch einen von den USA finanzierten Putsch an die Macht gepushte Regierung ist, welche von der Mehrheit der Ukraine-Bevölkerung abgelehnt wird? Haben Sie gewusst, dass auf dem Maidan die sogenannt friedlichen Demonstranten die Sicherheitskräfte (von der damals noch verfassungsregulären Janukowytch-Regierung) mit Steinen, Molotowcocktails, Baseballschlägern, Chemiesprays und weiteren Kampfinstrumenten über zwei Stunden aufs Übelste angegriffen haben, während die Sicherheitskräfte sich defensiv verhielten. Erst nach zwei Stunden, als einige Sicherheitskräfte aufs Brutalste zusammengeschlagen und teilweise angezündet wurden, haben sie sich gewehrt und erst ab diesem Zeitpunkt haben die Massenmedien angefangen zu berichten. Warum? Und warum wurden diese Demonstranten von den westlichen Medien als friedlich bezeichnet? Entweder sind die Medien sehr schlecht informiert oder sie tun es mit Absicht? Warum?

Haben Sie gewusst, dass beim Massaker in Odessa Neo-Nazi-Aktivisten wehrlose und unbewaffnete Männer und

Frauen umgebracht haben, während die Kiewer-Polizei taten-
los zusah (Polizei von Poroschenko wohlverstanden). Haben
Sie gewusst, dass ein geheimes Treffen zwischen der Poroschenko-Regierung und dem CIA-Chef der USA aufgedeckt
wurde? Haben Sie gewusst, dass die westliche Presse diverse
Falschinformationen in Bezug auf den Einmarsch von russischen Soldaten in die Ukraine und andere Lügen zugeben und
zurücknehmen musste? Haben Sie gewusst, dass die NATO
sich ausdehnt und nicht Russland? Haben Sie gewusst, dass
1990 Bush Senior und Gorbatschow miteinander vereinbart
hatten, dass sich die NATO keinen Zoll weiter nach Osten aus-
dehnen wird, wenn als Gegenleistung Russland die DDR an die
NATO abgibt? Russland hat sich an die Vereinbarung gehalten.
Hat die NATO sich an die Vereinbarung gehalten? Sie wissen
es. Wer ist das Imperium?

Wonach sieht das aus, wenn die westliche Presse unisono
Propaganda betreibt, statt neutral zu informieren? Mein Fazit:
Die Presse scheint nicht mehr frei, sondern gesteuert zu sein.

Es scheint mir wichtig, dass die Wahrheit über die Ukraine-Krise vollumfänglich aufgedeckt wird. Die Kriegshetzer (na-
mentlich die USA, westliche Medien, Poroschenko-Regierung)
sollen stichhaltige Beweise liefern, statt Falschmeldungen zu
verbreiten, aber bitte nicht gefälschte Beweise, wie damals
beim Irak-Krieg. Zudem soll der Westen die Ukraine-Regierung
erst unterstützen, wenn diese sich nachweislich demokratisch
und damit unterstützenswert verhält!

Damit auch Sie sich ein neutrales Bild über die Situation in
der Ukraine machen können, empfehle ich Ihnen, im Internet
nach freien Informationen zu suchen, z.B. auf www.eineneue-
zeit.ch.

**Die Ukraine-Krise ähnelt Kuba-Krise**

Nur dieses Mal scheinen die Rollen vertauscht. Während der russische Präsident alles versucht, um zu deeskalieren, eskaliert die USA lautstark. Die EU und die NATO, sowie die gesamte westliche Presse scheinen unter dem Oberkommando der USA zu stehen. Denn niemand versteht, warum der Westen sich mit törichten Sanktionen selbst schadet und sich in selbstzerstörerische USA-Kriegsabsichten einbinden lässt. Niemand versteht, wie eine menschenverachtende Kiewer-Regierung, welche ihre eigene Bevölkerung bombardiert, vom Westen unterstützt wird. Niemand versteht, warum die westliche Presse eindeutige Menschenrechts- und Völkerrechtsverletzungen der Kiewer-Regierung verschweigt, bzw. vertuscht, Beispiele: Massaker in Odessa und Genozid der russisch sprechenden Bevölkerung im Donbass durch die ukrainische Armee und weitere faschistische „Freiwilligen-Bataillone". Niemand versteht, warum im Falle der abgeschossenen malaysischen Passagiermaschine, eindeutige Indizien und Beweise verschwiegen und vertuscht werden, welche den Abschuss der Maschine durch einen Militärjet der Kiewer-Regierung beweisen! (siehe www.eineneuezeit.ch)

Tatsache ist, dass der Westen auf der falschen Seite steht. Die russische Presse (RT-TV) ist bisher fast die einzige Staatspresse, welche versucht, die echten Wahrheiten zu veröffentlichen. Zudem ist es Putin, welcher versucht, den Krieg zu verhindern und alle Beziehungen zum Westen offen hält, insbesondere auch den Dialog, während der Westen immer mehr Kanäle verschliesst.

Putin steht vor einer grossen Herausforderung wie einst Kennedy. Wie kann man unter lauter kriegswilligen Wölfen den Frieden bewahren? Kennedy und Chruschtschow konnten zusammen den dritten Weltkrieg abwenden. Ich hoffe, dass Putin dasselbe in Zusammenarbeit mit Obama gelingt. Mögen wir diesen beiden Präsidenten die Kraft und Energie senden, die sie dafür brauchen. Machen Sie sich schlau unter www.bueso.de.

Das einzig Gute an dieser Krise ist, dass wir entdecken, dass die westlichen Mainstream-Medien unseren Glauben nicht mehr verdienen. Wie soll eine menschliche Demokratie möglich sein, wenn die Presse gekauft und nicht frei ist? Es ist deshalb unabdingbar, dass wir neuen, freien Medien, die übrigens bereits heute existieren, den nötigen Aufstieg ermöglichen. Dies können wir erreichen, indem wir die bisherigen Abonnemente der Propaganda-betreibenden Mainstream-Medien (Radio, TV, Tageszeitungen) künden und dieses Geld in freie Medien investieren, z.B. www.free21.org/de oder „Neue Solidarität“ (www.bueso.de). Wir sollten uns generell über freie Medien informieren und eine Technik erlernen, wie manipulierte Nachrichten entlarvt werden können.

## 2.4   Parallelen bei Terror-Attacken

Was generell auffällt, sind die Parallelen bei Terror-Attacken. Vergleichen wir drei miteinander: Kennedy-Mord, 9/11, MH17. Es sind folgende Gemeinsamkeiten, die all diesen Anschlägen innewohnen:

a)   Offene, unbeantwortete und wichtige Fragen

b)   Vertuschungsversuche seitens der Regierungsorgane

c)   Schuldige werden sofort gefunden

d)   Schuldige werden in der Presse diskreditiert, ohne fundierte Beweise und Nachweise

e)   Statt eine fundierte Analyse und Recherche der Ereignisse abzuwarten und erst dann zu reagieren, wird die als schuldig definierte Person gejagt (zuerst in der Presse, danach real).

f)   Statt offene, berechtigte Fragen zu untersuchen und zu beantworten, werden stattdessen Beweise geheim gehalten.

g)   Statt Augenzeugen zu Wort kommen zu lassen, versucht man diese zu bestechen, die Unwahrheit zu sprechen, bzw. in einem Fall (9/11) werden Zeugenaussagen aus CIA-Folterungen benutzt.

h)   Wenn die nicht nachgewiesenen „Schuldigen" gefunden werden, werden sie ermordet, statt sie nach rechtsstaatlichen Methoden mittels Prozess und Beweisen zu verurteilen. Das ist im Fall MH17 zum Glück nicht passiert, aber bei Charlie Hebdo schon.


Ich stelle hier ganz einfache Fragen:

a)   Wer hat ein Interesse an unbeantworteten Fragen, ausser den wirklich Schuldigen?

b) Wer hat ein Interesse an Vertuschungen, ausser den wirklich Schuldigen?

c) Wer, ausser den wirklich Schuldigen, hat ein Interesse daran, einen Schuldigen zu definieren, ohne Beweise, ohne Analyse, ohne Recherche, und diesen dann zu jagen?

d) Wer hat ein Interesse, Beweise geheim zu halten, ausser den wirklich Schuldigen?

e) Wer hat ein Interesse daran, Zeugen zu bestechen oder gar zu foltern, ausser die wirklich Schuldigen?

f) Wer hat ein Interesse daran, den als schuldig definierten Menschen zu töten, anstatt nach rechtstaatlichen Methoden mittels Prozess und Beweisen zu verurteilen, ausser den wirklich Schuldigen?

Ich behaupte, dass wir mit der Beantwortung obiger kritischer Fragen auf ganz einfache Weise feststellen können, wer die wirklich Schuldigen sind. Nur diese können ein Interesse an Geheimhaltungen, Vertuschungen, Bestechungen, Folter und Vorverurteilung ohne Beweise haben. Sie sind damit eigentlich bereits entlarvt. Etwas logisches Denken und der Mut, auch Mächtige als mögliche Schuldige anzuerkennen reicht, um die tatsächlichen Wahrheiten zu erahnen!

# 3   Was ist zu tun?

## 3.1   Technologie zur Erkennung von manipulativen Berichten erlernen

Es gibt eine einfach zu erlernende Technik, um Berichte zu durchleuchten. Bevor ich die Technik vorstelle, möchte ich jedoch zuerst drei Begriffe klären.

**Vorurteile, Urteile und sachliche Beurteilung**

Was ist ein Vorurteil? Das ist eine Beurteilung einer Sache, ohne hinzuschauen. Meistens rühren Vorurteile von früheren Erlebnissen her, als man sich ein Urteil gebildet hat. Dieses wirkt weiter in späteren ähnlichen Ereignissen. Dass es unter Umständen falsch ist, leuchtet ein, denn das Urteil wurde nicht aufgrund von gegenwärtigen Fakten bestimmt. Es kann auch von Überschriften oder Leitartikeln aus Medien entstehen.

Was ist ein Urteil: Das ist ein Urteil z.B. beim Gericht, wo jemand für schuldig oder nicht schuldig befunden wird. Es ist auch die Festlegung der eigenen Meinung (meistens parteiisch), nachdem man Fakten über eine gewisse Sache angeschaut hat.

Was ist eine sachliche Beurteilung? Das ist eine fundierte Festlegung der Meinung über einen Fall, rein sachlich bezogen und ohne Emotionen, nachdem man sämtliche nötigen Fakten studiert hat. Das beinhaltet auch die Fähigkeit des Beurteilenden zu erkennen, dass ihm nicht alle Fakten zur Verfügung stehen, um ein sachliches Urteil zu bilden. Er beurteilt erst dann, wenn er alles weiss.

Viele Menschen urteilen leider aufgrund von Vorurteilen. Man liest einen Zeitungsartikel nicht einmal zu Ende und beurteilt die Sachlage bereits. Noch schlimmer ist es, wenn nach der

Titelzeile bereits ein Urteil gebildet wird. Damit erwischen einen die Journalisten, denn sie versuchen, solche Beeinflussungen der Leser vorzunehmen, indem sie beispielsweise Ausdrücke wie folgt verwenden: „vermutlich…." „es wird angenommen…." „Ist Herr Meier ein Krimineller?" „man könnte meinen…" oder „Stoppt Putin jetzt"

Vorbeurteilungen erkennt man daran, dass der Beurteilende entweder zu früh ein Urteil bildet, obwohl er kaum Fakten kennt, bzw. dass der Beurteilende die Fakten gar nicht wissen will und beharrlich seine Meinung vertritt, auch wenn sie mit logischen Argumenten dementiert werden kann. Vorurteile sind meistens falsch, weil sie auf wenigen bis gar keinen Daten beruhen, sondern viel eher auf Emotionen und Ladungen des Beurteilenden aufbauen.

Urteile werden erst gefällt, wenn alle Fakten geklärt sind. Das Ziel ist, einen Bericht nicht einfach zu übernehmen und „seine eigene Meinung" zu bilden, was meistens eine Kopie des Berichtes ist, sondern vielmehr den Bericht zu hinterfragen, welche Teile kenne ich noch nicht, welche Teile wurden vielleicht absichtlich nicht erwähnt, um die Meinung des Lesers zu beeinflussen?

Eine sachliche Beurteilung einer Sachlage kann nur eine Person vornehmen, die Wichtigkeiten von Nebensächlichem, sowie Lügen von Wahrheiten unterscheiden kann, und die erkennt, dass sie über einen Bericht beeinflusst wird, dass sie nicht alle wichtigen Daten kennt.

Folgende Fragen kann man sich stellen, bevor man ein Urteil bildet:

1. **Gibt es ausgelassene Tatsachen?**

    Ausgelassen bedeutet, dass es nicht vorhanden ist, obschon es vorhanden sein sollte, Beispiel: beim MH17-

Unglück fehlen die Auswertungen der beiden Flugschreiber, sowie das Resultat der Untersuchung.

### 2. Gibt es eine Veränderung der Abfolge der Geschehnisse?

In einer Berichterstattung kann die Abfolge von Dingen verdreht sein, um den Leser zu beeinflussen.

### 3. Gibt es ausgelassene Zeit?

Wenn jemand schreibt, Justin Bieber hatte einen Unfall und dabei vergisst zu schreiben, dass dies vor 10 Jahren passierte, könnte das falsche Reaktionen auslösen.

### 4. Gibt es eine hinzugefügte Unwahrheit oder Falschheit?

z.B. die diversen Falschmeldungen, dass Russen während des Jahres 2014 in die Ukraine eingefallen wären, die allesamt nur behauptet aber nie bewiesen werden konnten.

### 5. Gibt es veränderte Wichtigkeiten?

Sind die Worte oder die Taten eines Politikers wichtiger?

Warum ist es wichtig, Daten geheim zu halten, wenn diese zur Aufklärung eines Terror-Angriffs beitragen?

### 6. Gibt es eine fälschlich miteinbezogene Information?

Was hat die Meinung eines Journalisten in einem Tatsachenbericht zu suchen?

### 7. Gibt es ein falsches Ziel?

Wenn in einem Bericht wegen eines Medikaments die Ärzte beschimpft werden, sollte man da nicht eher auf die Chemiekonzerne schauen?

Wenn der Abschuss von MH17 noch nicht vollständig untersucht ist und keine Beweise vorliegen, ist es dann legitim, jetzt schon den russischen Präsidenten dafür schuldig zu erklären?

### 8. Gibt es eine falsche Ursache oder Quelle?

Werden in einem Bericht die wirklichen Verantwortlichen erwähnt?

Ist wirklich Russland für die Ukraine-Krise verantwortlich? Wäre es auch möglich, dass die USA dafür verantwortlich ist, welche den Regierungswechsel in Kiew massgeblich mitfinanziert hat?

### 9. Gibt es sich widersprechende Tatsachen?

Wenn ja, dann muss eine falsch sein. Der Bericht oder der Autor denunziert sich selbst.

### 10. Gibt es hinzugefügte Zeit?

Wenn ein Politiker sagt, dass 5 Jahre gebraucht werden, um die Zustände zu verbessern, ist das hinzugefügte Zeit.

Wenn eine Untersuchungskommission 1 Jahr benötigt, um die Flugschreiber der MH17 auszuwerten, welche in 24 Stunden ausgelesen werden können, ist das hinzugefügte Zeit.

### 11. Gibt es hinzugefügte, nicht dazugehörige Daten?

Was hat das Privatleben eines Politikers mit der Beurteilung zu tun, ob er/sie sich politisch korrekt verhält?

**12. Werden wichtige Daten verschwiegen?**

Warum wurde das Odessa-Massaker in der Ukraine von den westlichen Medien totgeschwiegen?

Obiges ist eine Technologie, wie man Berichte mit kritischen Fragen durchleuchten kann.

## 3.2    Alle Medien müssen frei sein

Damit eine Demokratie und ein Rechtsstaat funktioniert, müssen als erstes die Medien neutral berichten können. Dabei darf ihnen nicht vorgeschrieben werden, Propaganda zu betreiben, Unwahrheiten oder Halbwahrheiten zu verbreiten. Nebst der Freiheit müssen Medien die Verantwortung für die von ihnen herausgegebenen Informationen übernehmen. Wenn z.B. nachgewiesen werden kann, dass die Berichterstattung zu Kriegshetze missbraucht wird, soll dafür dieses Medium bzw. dessen Besitzer vor Gericht zur Verantwortung herangezogen werden können.

Eine wichtige Prämisse muss es sein, möglichst neutral zu berichten, was geschieht oder geschehen ist, ohne dabei Vorverurteilungen, Propaganda oder Manipulationen der öffentlichen Meinung zu verfolgen. Möglichst wahrheitsgetreue Berichterstattung muss wieder als oberste Prämisse installiert werden!

Denn nur so kann sichergestellt werden, dass die EU, NATO und USA sich bei einem Konflikt wie in der Ukraine, auf die richtige Seite stellen. Und nur so ist gewiss, dass Geheimhaltungen und Vertuschungen über wichtige Ereignisse keinen Erfolg mehr haben. Nur so können Unwahrheiten sofort aufgedeckt und entlarvt werden. Nur so ist es möglich, den Volkswillen durchzusetzen, statt die Propaganda einer privaten Minderheit.

Es gibt bereits heute freie Medien, die jedoch gesucht werden müssen. Es sind dies z.B. der russische TV-Sender RT oder die Internet-Seiten www.free21.org und www.antikrieg.tv. Die meisten Mainstream-Medien sind jedoch unfrei, was sich in der Ukraine-Krise deutlich gezeigt hat. Auch diese Medien müssen wieder in die Freiheit geführt werden. Dafür muss eine Untersuchungskommission alle Medien auf Geldflüsse, voreingenommene Journalisten, deren Verflechtungen mit Institutionen und weiteres untersucht und bewertet werden mit dem Ziel, die neutrale unabhängige Berichterstattung wiederherzustellen.

Bis es soweit ist, empfehle ich allen Menschen, den Medien mit gesundem Misstrauen zu begegnen. Es werden ja teils Filmausschnitte aus Krisengebieten in Syrien von Filmproduzenten kreiert, die danach in unseren Medien als Tatsachen verkauft werden. Beispiele in YouTube abrufbar:

https://www.youtube.com/watch?v=vqt6Plc2JMY


Insofern muss sogar filmisches Material hinterfragt werden. Man sollte sich die Quellen merken, welche sich an diesen Machenschaften beteiligen, und weitere Berichterstattungen dieser Quelle unter dem Aspekt „bereits als Lügner bekannt" beurteilen. Das ist zwar eine Vorbeurteilung für weitere Berichterstattungen – es muss ja nicht sein, dass diese Quelle ständig lügt - aber es schützt uns vor Manipulationen, weil die Quelle mindestens einmal entlarvt wurde. Selbstverständlich kann dieses Vorurteil später wieder neu beurteilt werden, sollte sich herausstellen, dass dies ein einziger Ausrutscher war.

## 3.3 Alle Wahrheiten müssen ungeschminkt aufgedeckt werden

Alle heute noch nicht gut genug untersuchten Themen wie z.B. der Kennedy-Mord, 9/11 oder MH17 und viele weitere Themen müssen erneut und fundiert untersucht werden. Wenn Institutionen oder Personen die Aufklärung durch Vertuschungen oder Geheimhaltungen behindern, müssen diese als Haupt-Verdächtige in die Untersuchung mit aufgenommen werden. In besonders extremen Fällen, wie z.B. bei 9/11 mit ihren verheerenden weltweiten Auswirkungen, müssen Institutionen, welche die Aufklärung behindern, sofort aufgelöst und durch neue Institutionen mit neuem Personal ersetzt werden (egal ob das die CIA oder die Wallstreet-Wertpapierbörse oder das Pentagon ist). Einzelpersonen, welche die Aufklärungen behindern, sollten als Verdächtige solange inhaftiert werden bis sie die gebrauchten Informationen herausrücken (egal ob es Politiker, Milliardäre, Generäle oder Geheimdienst-Agenten sind).

Die neuen Erkenntnisse all dieser Informationen wird die Weltbevölkerung vermutlich erschrecken. Es ist jedoch wichtig, die Wahrheit auf den Tisch zu legen. Nur wenn wir die ganze Wahrheit kennen, können wir danach eine neue, bessere Welt kreieren.

## 3.4 Übergang so gewaltfrei wie möglich gestalten

Jede Gewalt muss bei dieser Aufklärungsarbeit unbedingt verhindert werden. Auf die wirklich Schuldigen wütend zu sein, ist für viele Bevölkerungsgruppen absolut verständlich, trotzdem darf es nicht wie bei der französischen Revolution zum Köpfe rollen kommen. Die Aufklärung, die Gerichtsbarkeit und die Verurteilungen müssen nach rechtsstaatlichen Normen und unter Wahrung aller Werte der Menschenrechte und des Völkerrechts durchgeführt werden.

In einem wirklich fairen und rechtsstaatlichen Prozess beteiligen sich alle Staaten der Welt zu gleichen Teilen, nicht etwa nur die USA. Verurteilte Schuldige müssen zuerst einmal gestoppt werden, damit sie nicht noch weiteres Unheil anrichten können. Dann müssen sie für alle ihre Taten Verantwortung übernehmen und entsprechend, angemessene Wiedergutmachungen leisten. Wenn sie nicht selber dazu bereit sind, müssen sie notfalls dazu gezwungen werden. Danach sollen diese Psychopathen von ihrer Krankheit geheilt werden. Bevor sie später wieder integriert und auf freien Fuss gesetzt werden, muss unbedingt und zweifelsfrei sichergestellt werden, dass sie keine Wiederholungstaten begehen.

## 3.5 Lösungen in Kooperation mit allen Staaten erarbeiten

Ich stimme mit Wladimir Putins Rede überein, die er im Herbst 2014 im Valdai-Club gehalten hat. Es braucht ein besseres Gleichgewicht in der Welt. Die bisherigen Lösungsversuche der westlichen Supermacht, insbesondere solche militärischer Art, haben gezeigt, dass sie die Probleme verschärfen, anstatt sie zu lösen. Weil diese Rede so gut ist und klare Lösungswege aufzeigt, welche dem Titel dieses Kapitels hervorragend Rechnung trägt, möchte ich sie nachfolgend in voller Gänze abbilden.

## 3.6 Wladimir Putins Rede im Herbst 2014 im Valdai Club

Zitat Beginn:

Verehrte Kollegen, meine Damen und Herren, liebe Freunde, Ich freue mich, Sie auf der elften Konferenz des Diskussions-Clubs Valdai zu begrüssen. Es wurde ja schon gesagt, dass es in diesem Jahr neue Mitorganisationen des Clubs gibt. Darunter sind russische Nicht-Regierungsorganisationen und Fachverbände für Universitäten. Ausserdem wurde die Idee eingebracht, ausser den rein russischen Fragen auch Fragen der globalen Politik und Wirtschaft zur Besprechung einzubringen. Ich rechne damit, dass diese organisatorischen und inhaltlichen Änderungen die Positionen des Clubs als eine der einflussreichen Diskussions- und Expertenplattformen festigen werden. Dazu rechne ich auch damit, dass der sogenannte Geist des Valdai bewahrt werden kann und dieser Geist ist die Freiheit, Offenheit und die Möglichkeit verschiedenste und dabei offene Meinungen zu vertreten. In diesem Zusammenhang möchte ich sagen, dass ich Sie auch nicht enttäuschen werde, ich werde direkt und offen sprechen. Einige Dinge werden Ihnen möglicherweise zu hart erscheinen, aber wenn wir nicht offen und direkt ehrlich sagen, was wir wirklich und in Wahrheit denken, hat es keinen Sinn, uns in einem solchen Format zusammenzufinden. Dann müsste man sich zu irgendwelchen Diplomatenkreisen versammeln, wo niemand wirklich etwas sagt. Und im Gedenken an die Aussage eines bekannten Diplomaten kann man nur darauf verweisen, dass Diplomaten eine Zunge haben, um damit nicht die Wahrheit zu sprechen. Wir versammeln uns hier mit einer anderen Zielsetzung, wir versammeln uns, um offen zu sprechen. Eine Direktheit und Härte der Einschätzungen braucht man heute durchaus nicht dazu, um miteinander zu zanken, sondern um Verstehen zu versuchen, was denn in Wirklichkeit in der Welt vor sich geht, warum sie immer weniger sicher und vorhersagbar wird, weshalb an allen Orten die Risiken steigen.

Das Thema des heutigen Treffens der Diskussionen, die hier stattfanden, wurden schon benannt: Neue Spielregeln oder Spielunregeln. Meines Erachtens ist dieses Thema, diese Formulierung durchaus genau, wenn es darum geht, die historische Gabelung zu beschreiben in der wir uns befinden oder die Wahl, die wir alle zu treffen haben. Die These, dass die heutige Welt sich rasant verändert, ist natürlich nicht neu und ich weiss, dass davon im Lauf der Diskussion schon gesprochen worden ist. Tatsächlich ist es schwer, die grundlegenden Veränderungen in der globalen Politik, der Wirtschaft, dem gesellschaftlichen Leben, dem Bereich der industriellen Informationen und sozialen Technologien zu ignorieren. Ich möchte gleich um Entschuldigung bitten, falls ich etwas wiederhole, was bereits von den Teilnehmern an den Diskussionen ausgesagt worden ist, aber das kann man wohl kaum vermeiden, denn Sie haben ja schon sehr detailliert diskutiert. Aber ich werde einfach meinen Standpunkt darlegen und in einigen Facetten kann dieser mit den Meinungen der Diskussions-Teilnehmer zusammenfallen. In anderen Dingen wird er sich unterscheiden.

Vergessen wir bei der Analyse des heutigen Zustands nicht die Lektionen der Geschichte. Erstens werden Veränderungen in der Weltordnung, und mit einem Ereignis genau solcher Tragweite haben wir es heute zu tun, in der Regel wenn nicht von einem globalen Krieg, von globalen Zusammenstössen, so doch von einer Kette an intensiven Konflikten auf regionaler Ebene begleitet. Und zweitens geht es in der Weltpolitik vor allem um wirtschaftliche Führung, Fragen von Krieg und Frieden, die humanitären Bereiche einschliesslich der Menschenrechte. Es hat sich weltweit eine Menge an Widersprüchen angesammelt, und man muss einander offen fragen, ob wir denn über ein verlässliches Sicherheitssystem verfügen. Leider gibt es keinerlei Garantien dafür, dass das bestehende System der globalen und regionalen Sicherheit dazu in der Lage wäre, uns vor Erschütterungen zu bewahren. Dieses System ist ernsthaft geschwächt, gebrochen und deformiert worden. Eine schwierige Zeit durchleben internationale und regionale Institutionen der politischen, wirtschaftlichen und kulturellen Zusammenarbeit. Sicher, viele der Mechanismen, die der Weltordnung zugrunde liegen, sind schon vor ziemlich langer Zeit entstanden, einschliesslich und vor allem das Resultat des zweiten Weltkriegs. Die Stabilität dieses Systems gründete übrigens nicht nur auf einer Kräftebalance, und das möchte ich auch unterstreichen, nicht nur auf dem Recht der Sieger, sondern auch darauf, dass die Gründerväter dieses Sicherheitssystems einander in Achtung begegneten und nicht versucht haben, sich alles einzuverleiben, sondern miteinander geredet haben. Das Wichtigste aber ist, dass dieses System sich weiterentwickelte und bei allen Abstrichen dabei behilflich war, die auftretenden Probleme der Welt, wenn nicht zu lösen, doch im Rahmen zu halten und die natürliche Konkurrenz der Staaten untereinander zu entschärfen.

Ich bin davon überzeugt, dass dieser Mechanismus der gegenseitigen Kontrolle und der Gegengewichte, der in den vergangenen Jahrzehnten teils mühevoll aufgebaut werden konnte, nicht zerstört werden durfte, jedenfalls hätte man nicht zerstören dürfen, ohne an dessen Stelle etwas neues aufzubauen. Denn sonst gibt es tatsächlich keine anderen Mittel mehr, als die rohe Gewalt. Es wäre angebracht, eine vernünftige Rekonstruktion zu unternehmen, das System der internationalen Beziehungen an die neuen Realitäten anzupassen. Dessen ungeachtet haben sich die vereinigten Staaten zu Vertretern des kalten Krieges erklärt, wovon ich selbst als sicher angenommen hätte, dass dafür einfach kein Bedarf besteht. Und anstelle der Einrichtung einer neuen Balance der Kräfte, die eine unabdingbare Voraussetzung für Ordnung und Sicherheit ist, wurden ganz im Gegenteil Schritte unternommen, die zu einer enormen Vertiefung des Ungleichgewichts führten. Der kalte Krieg ist beendet, aber er ist nicht mit einem Friedensabkommen und mit verständlichen, transparenten Verhandlungsergebnissen über die Achtung der bestehenden oder die Schaffung neuer Regeln und Standards beendet worden.

Es ergibt sich der Eindruck, dass die sogenannten Sieger im kalten Kriege daran gingen, die Situation bis zum Ende auszupressen, die ganze Welt nach ihrer Lust und nach ihren Interessen umzuformatieren. Und vor das bestehende System der internationalen Beziehungen, des internationalen Rechts und das System der gegenseitigen Kontrolle und der Gegengewichte, die diesem Ziel im Wege standen, dort wurde dieses System sofort als nutzlos, veraltet und abschaffungsreif deklariert. So benehmen sich aber - ich bitte um Verzeihung - Neureiche, die urplötzlich zu grossem Reichtum gekommen sind, in unserem Fall in Form der Weltherrschaft, der weltweiten Führungsrolle. Und anstelle dessen, dass sie diesen Reichtum intelligent und vorsichtig und selbstverständlich auch zum eigenen Nutzen einsetzen, haben sie, wie ich meine, eine ganze Menge zu Bruch gehen lassen. Das Zeitalter der Doppellesarten, des Verschweigens hat in der Weltpolitik begonnen. Die Vorherrschaft des internationalen Rechts wurde Schritt für Schritt zurückgefahren. Objektivität und Gerechtigkeit wurden der politischen Zweckmässigkeit geopfert. Rechtliche Normen wurden durch willkürliche Interpretationen und befangene Urteile ersetzt. Dabei gestattete es die totale Kontrolle über die globalen Massenmedien auf Wunsch, weiss für schwarz und schwarz für weiss auszugeben.

Unter den Bedingungen der Dominanz einer Seite und ihrer Alliierten, oder anders gesagt ihrer Satelliten, geriet die Suche nach globalen Lösungen oftmals zu einem Streben, die eigenen Lösungen als universell auszugeben. Die Ambitionen dieser Gruppe haben sich derart gesteigert, dass die in ihren Kreisen herausgearbeiteten Herangehensweisen als Meinung der gesamten Weltöffentlichkeit präsentiert wurden. Aber das ist nicht so. Allein der Begriff nationale Souveränität ist für den Grossteil der Staaten zu einer relativen Grösse geworden. Im Grunde wurde die folgende Formel angeboten: Je ausgeprägter die Loyalität zum einzigen Machtzentrum der Welt, desto höher die Legitimität der einen oder anderen Regierung.

Wir werden dann mit Ihnen in eine offene Diskussion eintreten, und ich werde sehr gerne Fragen beantworten und es mir auch gestatten, Ihnen ein paar Fragen zu stellen. Aber im

Verlauf dieser Diskussionen kann ja jemand von Ihnen einmal versuchen, diese gerade von mir formulierte These zu widerlegen.

Die Mittel, mit denen man auf die Widerspenstigen einwirkte, sind gut bekannt und vielfach erprobt, das sind militärische Massnahmen, wirtschaftlicher und propagandistischer Druck, Einmischung in die inneren Angelegenheiten, Anrufung einer gewissen über dem Recht stehenden Legitimität, wenn es darum geht, eine widerrechtliche Beilegung dieser oder jener Konflikte herbeizuführen, und die Beseitigung missliebiger Regierungen. In letzter Zeit gibt es Zeugnisse dafür, dass man gegen eine Reihe von Staats-Oberhäuptern unverhohlene Erpressung eingesetzt hat. Es ist nicht von ungefähr, dass der sogenannte Big-Brother Milliarden von Dollars ausgibt, um der ganzen Welt nachzustellen, und auch seine nächsten Verbündeten sind dabei Ziele.

Lassen Sie uns die Frage aufwerfen, inwieweit es für uns annehmbar, sicher und angenehm ist, in einer solchen Welt zu leben, inwieweit eine solche Welt gerecht und vernünftig ist. Vielleicht haben wir gar keinen triftigen Grund, besorgt zu sein, zu streiten und unangenehme Fragen zu stellen. Vielleicht ist die Einzigartigkeit der vereinigten Staaten, die Art wie sie ihre Führungsrolle ausüben, etwas für alle wirklich Gutes. Und ihre allgegenwärtige Einmischung in allen Angelegenheiten dieser Welt bringt in Wirklichkeit Ruhe, Wohlergehen, Fortschritt, Gedeihen und Demokratie und wir sollten uns einfach entspannen und es geniessen. Ich erlaube es mir zu sagen, dass es sich nicht so verhält. Es ist ganz und gar nicht so. Das einseitige Diktat und das Aufzwingen der eigenen Schemata führt zu einem ganz gegenteiligen Resultat. Anstelle einer Beilegung von Konflikten und deren Eskalation, anstelle von souveränen, stabilen Staaten, einen wachsenden Bereich des Chaos, anstelle von Demokratie, die Unterstützung von höchst zweifelhaften Strömungen, von offenkundigen Neo-Nazis bis hin zu islamistischen Radikalen. Und aus welchem Grunde werden sie unterstützt, weil sie im Verlauf einer Etappe auf dem Weg zum Erreichen eines Zieles ausgenutzt werden, dann verbrennen sie sich daran und es wird zurückgerudert. Ich werde nicht müde, mich dessen zu wundern, wie unsere Partner mal ums mal wie man bei uns in Russland zu sagen pflegt, auf ein und dieselbe Hacke treten, das heisst immer wieder denselben Fehler begehen.

Seinerzeit sponserten sie extremistische, islamistische Bewegungen für den Kampf gegen die Sowjetunion, und in Afghanistan haben sie diese Abhärtung bekommen. Daraus entstanden sowohl die Taliban als auch die Al Kaida. Der Westen hat diese wenn schon nicht unterstützt, so doch zumindest seine Augen davor verschlossen, ich würde sagen er hat den Einfall internationaler Terroristen nach Russland und in die Länder Zentralasiens tatkräftig informationsmässig, politisch, finanziell unterstützt. Das haben wir nicht vergessen. Erst nachdem es schreckliche Terrorangriffe auf dem Territorium der vereinigten Staaten selbst gegeben hat, kam das Verständnis für die allgemeine Bedrohung, die der Terrorismus darstellt. Ich möchte daran erinnern, dass wir damals die ersten waren, die das Volk der vereinigten Staaten unterstützt haben. Wir reagierten wie Freunde und Partner auf die schreckliche Tragödie des 11. September. Im Lauf der Gespräche mit Führungskräften der USA und Europa spreche ich ständig von der Notwendigkeit, gemeinsam gegen den Terrorismus als eine Herausforderung von weltweiter Bedeutung vorzugehen. Mit dieser Herausforderung kann man sich nicht abwenden, man kann sie nicht eingrenzen oder Doppelstandards zur Anwendung bringen. Man erklärte sich mit uns einverstanden, aber es verging nicht viel

Zeit und alles kehrte wieder zum Alten zurück. Es folgte die Einmischung sowohl im Irak als auch in Lybien und dieses Land wurde dann an die Grenze des Zerfalls gebracht. Warum hat man es denn eigentlich dahin gebracht? Es steht auch jetzt noch an diesem Abgrund und ist ein Übungsplatz für Terroristen geworden. Allein der Wille und die Umsicht der jetzigen ägyptischen Führung haben es gestattet, Chaos und extremistische Exzesse in diesem Schlüsselland der arabischen Welt zu vermeiden.

In Syrien gingen die vereinigten Staaten und ihre Verbündeten wie in den guten alten Zeiten daran, Terrorbrigaden direkt mit Finanzen und Waffen zu versorgen, die Aufstockung ihrer Mannschaften durch Söldner aus verschiedenen Ländern zu begünstigen. Gestatten Sie die Frage: Woher haben die Rebellen Geld, Waffen, Militärexperten? Woher kommt denn das alles? Wie ist es zu erklären, dass diese berüchtigte sogenannte ISIS zu einer gewaltigen de facto Armeegruppierung werden konnte? Was deren finanzielle Zuströme angeht, so sind das zum heutigen Tage nicht nur Einkünfte aus dem Drogengeschäft, deren Produktion übrigens im Verlauf der Stationierung der internationalen Kräfte in Afghanistan, nicht nur um ein paar Prozent, sondern vielfach gestiegen ist, das wissen Sie alle, sondern die Finanzen resultieren auch aus dem Verkauf von Erdöl, das in Gebieten, die von den Terroristen kontrolliert wurden, gefördert wird. Die verkaufen es zum Spottpreis, sie fördern und transportieren es ungehindert. Aber es gibt ja solche, die es kaufen, weiterverkaufen und daran verdienen, ohne darüber nachzudenken, dass sie damit Terroristen finanzieren, die früher oder später auch auf ihr Gebiet kommen werden. Und sie werden kommen um die Saat des Todes in ihren Ländern auszusäen. Und woher kommen diese neuen Terrorgruppen? Im

Irak sind in Folge des Sturzes von Saddam Hussein staatliche Institutionen einschliesslich der Armee zerstört worden. Wir haben es damals noch gesagt, seid vorsichtig, wohin habt ihr diese Leute vertrieben, auf die Strasse. Und was sollen sie dort machen? Vergesst es, ob er gerecht oder ungerecht war, aber sie sassen an den Hebeln eines nach regionalem Massstab durchaus grossen Staates. Und wohin treibt ihr sie? Was haben wir als Ergebnis? Zehntausende Soldaten und Offiziere, ehemalige Baath-Partei-Aktivisten, die auf die Strasse gesetzt worden sind und sie sind es, die heute die Einheiten der Rebellen-Banden anfüllen. Vielleicht ist es ja das, worin das Geheimnis der Operationsfähigkeit der ISIS besteht. Sie handeln vom militärischen Gesichtspunkt aus sehr effektiv und wir haben es mit wirklichen Profis zu tun.

Russland hat mehrfach vor einseitigen, gewaltsamen Aktionen, vor Einmischungen in die Angelegenheiten souveräner Staaten, vor dem Anbandeln mit Extremisten und Radikalen gewarnt, und darauf bestanden, dass man jene Gruppierungen, die gegen die syrische Zentralregierung vorgehen, vor allem die ISIS auf die Liste terroristischer Organisationen setzt. Und was war das Ergebnis – es gab keine Reaktion. Mitunter bekommt man den Eindruck, dass unsere Kollegen und Freunde ständig mit den Ergebnissen ihrer eigenen Politik kämpfen, all ihre Gewalt in die Beseitigung der Risiken stecken, die sie selbst schaffen und dafür einen immer höheren Preis zahlen.

Verehrte Kollegen, der Moment der Unipolarität hat überzeugend aufgezeigt, dass die Erweiterung der Dominanz eines Gewaltmonopols nicht dazu führt, dass die globalen Prozesse steuerbarer werden. Im Gegenteil, eine solche instabile Konstruktion hat ihre Unfähigkeit bewiesen, effektiv gegen solche realen Bedrohungen wie regionale Konflikte, Terrorismus, Drogenschmuggel, religiöser Fanatismus, Chauvinismus und Neo-

Nazismus vorzugehen. Gleichzeitig hat sie der Äusserung von nationalem Eitelkeitswahn, der Manipulation der öffentlichen Meinung, grober Unterdrückung des Willens der Schwachen durch den Willen der Starken den Weg geebnet. Im Grunde genommen ist eine unipolare Welt eine Apologie, sie ist die Apologetik einer Diktatur über den Menschen und Länder. Diese unipolare Welt erwies sich übrigens als für den sogenannten selbst ernannten Führer unbequem, nicht zu stemmen und schwer zu steuern. Gerade jetzt wurde das verlautbart und damit bin ich vollkommen einverstanden. Daher rühren die heutigen Versuche nun schon im neuen historischen Abschnitt, eine Art quasi bipolares System als ein bequemes Modell für die Wiedererrichtung der in diesem Fall amerikanischen Dominanz zu etablieren. Es ist dabei nicht einmal wichtig, wer genau in der amerikanischen Propaganda, die Rolle des Zentrums des Bösen, also dem Platz der UDSSR als Hauptgegner einnimmt. Ob der Iran als ein Land, das nach Atom-Technologie strebt oder China als führende Weltwirtschaft oder Russland als eine Atom-Supermacht.

Wir sehen schon wieder Versuche, die Welt zu zerschlagen, Trennlinien zu ziehen, Koalitionen nicht für sondern gegen beliebige Parteien zu bilden und abermals ein Feindbild zu schaffen wie in den Zeiten des kalten Krieges und damit das Recht auf die Führungsrolle, oder wenn Sie so wollen das Diktat zu erlangen. Wir verstehen und wissen ja bereits, wie die Lage im Zeitalter des kalten Krieges interpretiert wurde, den Verbündeten der vereinigten Staaten wurde immer wieder gesagt, wir haben einen gemeinsamen Feind, er ist schrecklich, er ist das Zentrum des Bösen. Wir werden Euch, unsere Verbündeten vor ihm schützen, folglich haben wir das Recht Euch zu befehlen, Eure politischen und wirtschaftlichen Interessen zu opfern,

Ausgaben für die kollektive Verteidigung zu machen, aber befehligen werden diese Verteidigung natürlich wir. Kurz - heute gibt es das Bestreben nun schon in der neuen veränderten Welt, die gewohnten Prinzipien einer globalen Beherrschung umzusetzen und all das mit der Absicht, die eigene Ausserordentlichkeit zu gewährleisten und daraus politisches und wirtschaftliches Kapital zu schlagen.

Dabei divergieren solche Versuche nicht nur mehr und mehr der Realität und widersprechen der Vielfältigkeit der Welt, solche Schritte werden unvermeidlich zu Gegenreaktionen führen und einen gerade entgegengesetzten Effekt hervorbringen. Wir sehen doch was passiert, wenn die Politik leichtfertig mit der Wirtschaft vermengt wird, wenn die Logik der Zweckmässigkeit der Logik der Konfrontation nachgibt. Selbst wenn sie damit ihre eigenen wirtschaftlichen und politischen Positionen und Interessen aufgibt, einschliesslich der Interessen der nationalen Unternehmen. Gemeinsame Wirtschaftsprojekte, gegenseitige Investitionen sind es, die die Länder objektiv näher bringen, dabei helfen die laufenden Probleme in den internationalen Beziehungen abzumildern. Allerdings ist die weltweite Business-Community heute dem beispiellosen Druck der westlichen Regierung ausgesetzt. Von welchem Unternehmertum, von welcher wirtschaftlicher Zweckmässigkeit oder Pragmatismus kann denn die Rede sein, wenn das Motto das Vaterland ist in Gefahr, die freie Welt ist in Gefahr, die Demokratie ist in Gefahr aufgeworfen wird? Man muss sich ja mobilisieren und genau das ist die Politik des Mobilmachens. Die Sanktionen unterminieren bereits die Grundlagen des Welthandels und die Regeln der WTO, das Prinzip der Stabilität des Privatvermögens, sie erschüttern das liberale Modell der Globalisierung, welches auf dem Markt der Freiheit und der

Konkurrenz beruht. Ein Modell dessen hauptsächlichen Nutzniesser, wie ich anmerken möchte, ja gerade die Länder des Westens sind.

Jetzt riskieren sie Vertrauensverluste in ihrer Rolle als treibende Kraft der Globalisierung. Man fragt, was denn nun zu tun sei, denn das Wohlergehen beispielsweise der vereinigten Staaten ist ja in weiten Teilen vom Vertrauen der Investoren, dem der ausländischen Besitzer von Dollars und US-amerikanischer Wertpapiere abhängig. Und dieses Vertrauen wird offensichtlich unterminiert. Die Früchte der Enttäuschung von der Globalisierung, findet man jetzt in vielen Ländern. Der berüchtigte Präzedenzfall Zypern und politisch motivierte Sanktionen haben die Tendenzen Richtung wirtschaftlicher und finanzieller Souveränisierung zum Bestreben einzelner Staaten oder ihrer regionalen Vereinigungen, sich gegen das Risiko auswärtigen Drucks abzusichern, noch verstärkt. So unternimmt bereits jetzt eine immer grösser werdende Zahl an Staaten Versuche, sich aus der Dollar-Abhängigkeit zu befreien, alternative Finanzzentren und Reserve-Währungen zu etablieren. Unserer Meinung nach sägen unsere amerikanischen Freunde schlicht an dem Ast, auf dem Sie sitzen. Man darf Politik und Wirtschaft nicht in einen Topf werfen, aber genau das ist, was passiert. Ich war und ich bin der Meinung, dass politisch motivierte Sanktionen ein Fehler waren, ein Fehler der allen nur Verluste beibringt. Ich bin mir sicher, dass wir davon noch zu sprechen haben.

Wir verstehen schon wie und unter wessen Druck solche Entscheidungen getroffen wurden. Ich möchte betonen, dass Russland nicht die Pose eines Beleidigten annehmen oder jemanden um etwas bitten wird. Russland ist ein sich selbst genügendes Land. Wir werden unter den aussenwirtschaftlichen Bedingungen arbeiten, die sich ergeben haben, unsere Produktionen und Technologien weiterentwickeln, entschiedener bei

Umgestaltungen vorgehen, und der äussere Druck wird, wie das schon öfter der Fall war, unsere Gesellschaft nur konsolidieren, uns keine Gelegenheit geben, uns zurückzulehnen. Ich würde sagen, er zwingt uns dazu, uns auf unsere wichtigsten Entwicklungsrichtungen zu konzentrieren. Sicherlich stören uns die Sanktionen, mit diesen Sanktionen möchte man uns schädigen, unsere Entwicklung hemmen, uns in eine politische, wirtschaftliche und kulturelle Isolation bringen. Anders gesagt in die Zurückgebliebenheit. Doch ich möchte unterstreichen, das habe ich bereits gesagt und ich wiederhole es, dass die Welt sich von Grund auf geändert hat. Wir haben es nicht vor, uns vor der Welt zu verschliessen, und uns für irgend einen geschlossenen Entwicklungsweg, einen Weg der Autarkie zu entscheiden. Wir sind immer dialogbereit. Darunter auch zu Fragen zur Normalisierung von Wirtschaftsbeziehungen und ebenso auch der politischen Beziehungen. Wir rechnen hier mit einer pragmatischen Herangehensweise und pragmatischen Standpunkten der Businesskreise der führenden Länder der Welt.

Heute erklingen Behauptungen, Russland würde sich angeblich von Europa abwenden. Wahrscheinlich ist das in den Diskussionen hier bereits angeklungen. Russland würde sich angeblich nach anderen Geschäftspartnern umsehen, vor allem solche in Asien. Ich möchte sagen, dass das in keiner Weise stimmt. Unsere aktive Politik in der asiatisch, pazifischen Region gibt es nicht erst seit heute, sie hat nicht erst mit den Sanktionen begonnen, sondern bereits vor mehr als ein paar Jahren. Wir sind genau wie viele anderen, darunter westliche Länder, davon ausgegangen, dass der Osten einen immer bedeutenderen Stellenplatz in der Welt einnimmt, was die Wirtschaft und die Politik angeht und man muss das natürlich berücksichtigen. Ich möchte nochmals unterstreichen, alle tun das, und auch wir werden das tun, zumal ein bedeutender Teil unseres Staatsgebietes in Asien gelegen ist. Warum sollten wir auch darauf verzichten, unsere diesbezüglichen Vorteile zu nutzen? Das wäre doch einfach kurzsichtig. Der Aufbau der Wirtschaftsbeziehungen mit diesen Staaten, gemeinsame Integrationsprojekte sind ein wichtiger Stimulus für unsere eigene innere Entwicklung.

Die heutigen demografischen, wirtschaftlichen und kulturellen Tendenzen zeugen davon, dass die Abhängigkeit von einer Supermacht natürlich ganz objektiv abnehmen wird, und davon reden und schreiben europäische und amerikanische Fachleute selbst. Vielleicht erwarten uns in der Weltpolitik die gleichen Phänomene wie in der globalen Wirtschaft und das ist eine intensive Konkurrenz in der einen oder anderen konkreten Nische, ein häufiger Wechsel von Führungskräften in bestimmte Richtungen, all das ist möglich. Es steht ausser Frage, dass im globalen Wettbewerb die Rolle von humanitären Faktoren steigen wird, das sind Bildung, Wissenschaften, Gesundheit, Kultur. Das wird seinerseits Auswirkungen auf die internationalen Beziehungen haben, auch deshalb weil die Ressource, der sogenannten sanften Gewalt grösstenteils von realen Errungenschaften bei der Bildung von Humankapital abhängt, mehr als von der Gerissenheit propagandistischer Kunstgriffe.

Gleichzeitig stellt die Heranbildung einer sogenannten polyzentrischen Welt, und darauf möchte ich, verehrte Kollegen auch ihre Aufmerksamkeit lenken, nicht von sich aus höhere Stabilität dar, sondern eher sogar umgekehrt. Die Aufgabe bei der Heranbildung eines globalen Gleichgewichts bereitet einiges Kopfzerbrechen, ist eine Gleichung mit vielen Unbekannten. Was erwartet uns, wenn wir es vorziehen, nicht den Regeln gemäss zu leben, seien diese Regeln auch noch so streng und unbequem, sondern ganz ohne Regeln. Ein solches Szenario ist durchaus greifbar, man kann es nicht ausschliessen, wenn man die aufgeheizte Lage in der Welt berücksichtigt. Bewertet man die heutigen Tendenzen, dann kann man schon eine Reihe an Prognosen abgeben und leider sind diese nicht optimistisch. Wenn wir daran scheitern, ein fest umrissenes System, gegenseitiger Verpflichtungen und Vereinbarungen zu schaffen, keine Mechanismen aufbauen, die Krisensituationen auflösen helfen, dann werden die Anzeichen einer weltweiten Anarchie sich nur verstärken. Bereits heute ist die Wahrscheinlichkeit einer Reihe an verschärften Konflikten nicht direkter, so doch mittelbarer Beteiligung von Grossmächten enorm angestiegen. Dabei sind nicht nur die traditionellen Widersprüche von Staaten untereinander, sondern auch die innere Instabilität einzelner Staaten ein Risikofaktor. Besonders wenn es um solche Länder geht, die an den Nahtstellen geopolitischer Interessenssphären von Grossmächten oder entlang von kulturhistorischen und wirtschaftlichen Grenzen zivilisatorischer Kontinente liegen.

Die Ukraine, von der hier sicher bereits viel die Rede war, und auch noch die Rede sein wird, ist eine Art Beispiel für diese Art von Konflikten, die Auswirkungen auf das weltweite Kräfteverhältnis haben und dabei denke ich, dass dies bei weitem noch nicht der letzte dieser Art ist. Hieraus folgt die greifbare Perspektive der Zerstörung des bisherigen Systems der Vereinbarungen über die Begrenzung und Kontrolle der Arten von Bewaffnung. Den Beginn dieses gefährlichen Prozesses legten zweifelsohne die vereinigten Staaten von Amerika als sie im Jahre 2002, einseitig aus dem AWM-Vertrag austraten. Und darauf daran gingen, und es heute noch aktiv betreiben, ihr eigenes globales Raketenabwehrsystem aufzubauen.

Verehrte Kollegen und Freunde, ich möchte Ihre Aufmerksamkeit darauf lenken, dass nicht wir mit diesem Prozess angefangen haben. Wir verfallen erneut in jene Zeit, als nicht ein Gleichgewicht von Interessen und gegenseitiger Garantien, sondern die Angst ein Gleichgewicht der potentiellen gegenseitigen Vernichtung die Länder von direkten Konfrontationen abhält. Aufgrund des Fehlens von rechtlichen und politischen Instrumenten, kehren die Waffen zentral auf die globale Tagesordnung zurück. Sie werden überall und auf jede erdenkliche Weise eingesetzt, auch ohne Resolution des UN-Sicherheitsrats. Wenn jedoch der Sicherheitsrat es ablehnt, diese Art von Entscheidungen mit zu produzieren, dann wird er sogleich als veraltet und zu einem ineffizienten Instrument erklärt. Viele Staaten sehen keine andere Garantie zur Gewährleistung der eigenen Souveränität mehr, als die Anschaffung einer neuen Bombe. Das ist höchst gefährlich.

Wir bestehen auf einer Fortführung der Gespräche, wir befürworten nicht einfach nur Gespräche, sondern wir bestehen auf einer Fortführung der Gespräche. Je weniger Atomwaffen es auf der Welt gibt, desto besser. Wir sind zu ernsthaften gegenständlichen Gesprächen in Fragen der atomaren Abrüstung bereit, aber diese sollten schon wirklich ernsthaft sein. Wie man sagt ohne Doppelstandards. Was meine ich damit? Heute sind viele Arten von Präzisionswaffen mit ihren Möglichkeiten schon sehr nahe an Massenvernichtungswaffen gerückt, und im Falle eines vollständigen Verzichts auf das Atompotential, oder im Falle einer bedeutenden Reduzierung der Arsenale, werden die Länder, welche in der Schaffung und in der Herstellung von Präzisionssystemen führend sind, offenkundig einen militärischen Vorteil erlangen. Die strategische Parität würde gebrochen. Das bringt Destabilisierungen mit sich. Es kommt zur Versuchung, den sogenannten ersten globalen Entwaffnungsschlag zu führen. Kurz - die Risiken werden nicht geringer, sondern grösser.

Die nächste offensichtliche Bedrohung ist eine Ausweitung von Konflikten auf ethnischer, religiöser und sozialer Grundlage. Solche Konflikte sind nicht nur an sich gefährlich, sondern sie bilden um sich herum Zonen von Anarchie, Gesetzlosigkeit und Chaos, wo sich sowohl Terroristen als auch herkömmliche Verbrecher wie zu Hause fühlen, wo die Piraterie, der Menschenhandel und das Drogengeschäft blühen. Übrigens haben unsere Kollegen seinerzeit versucht, diese Prozesse irgendwie zu steuern, sich regionale Konflikte zunutze zu machen, farbige Revolutionen in ihrem Interesse zu konstruieren, aber der Geist entwich der Flasche. Was man nun mit ihm macht, verstehen, so scheint es, die Autoren der Theorie des gelenkten Chaos selbst nicht. In ihren Reihen herrschen Zwiespalt und Uneinigkeit. Wir beobachten die Diskussionen sowohl bei den herrschenden Eliten als auch in Fachkreisen genauestens. Es genügt, sich die Überschriften in der westlichen Presse im Verlauf des vergangenen Jahres anzusehen. Ein und dieselben Leute werden einmal Kämpfer für Demokratie und später Islamisten genannt. Erst schreibt man von Revolutionen, dann von Umstürzen. Das Ergebnis liegt auf der Hand, es ist eine Ausweitung des globalen Chaos.

Verehrte Kollegen, in einer solchen Lage der Welt wäre es an der Zeit, sich zu grundsätzlichen Fragen zu einigen. Das ist ausserordentlich wichtig und notwendig und weit besser, sich in verschiedene Ecken zu begeben, zumal wir es mit gemeinsamen Problemen zu tun haben, und wie man sagt in einem Boot sitzen. Der logische Weg wäre einer der Kooperation von Ländern und Gemeinschaften und die Suche nach gemeinsamen Antworten auf vermehrt auftretende Fragen an ein gemeinsames Risikomanagement. Leider ist es aber so, dass einige unserer Partner sich erst daran erinnern, wenn es in ihrem Interesse liegt. Die praktische Erfahrung zeigt, dass gemeinsame Antworten auf Herausforderungen erstens nicht immer ein Allheilmittel sind, das muss man natürlich anerkennen, und zweitens sind sie in der Mehrzahl der Fälle auch schwer zu erreichen, denn es ist sehr viel schwieriger, die Differenzen zwischen den jeweiligen nationalen Interessen bei subjektiven Herangehensweisen zu überwinden, besonders wenn es sich um Länder handelt, die verschiedenen kulturhistorischen Traditionen angehören. Trotz alledem haben wir Beispiele dafür wie man, sofern man sich von gemeinsamen Zielen lenken lässt, und auf der Grundlage von einer die in Kriterien arbeitet, gemeinsame greifbare Ergebnisse erzielen kann. Ich möchte an die Lösung des Problems mit den syrischen Chemiewaffen erinnern, ebenso an den sachlichen Dialog zum iranischen Atomprogramm, und selbst unsere Arbeit mit Nordkorea hat auch einige positive Resultate.

Warum sollten wir nicht diese ganzen Erfahrungen auch in den weiteren Verlauf der Lösung sowohl lokaler wie auch globaler Probleme nutzen? Das kann die rechtliche, politische, wirtschaftliche Grundlage einer neuen Weltordnung werden, welche Stabilität und Sicherheit gewährleisten würde, dabei eine gesunde Konkurrenz fördert und die Bildung von Monopolen verhindert, die der Entwicklung entgegenstehen. Schwerlich könnte darauf jemand jetzt ein umfassendes, fertiges Rezept liefern. Hier braucht es eine lange Arbeit unter der Beteiligung eines weiten Kreises an Staaten der Weltwirtschaft, der bürgerlichen Gesellschaften, oder solcher Fachforen, wie das unsrige eines ist. Allerdings ist es offensichtlich, dass ein Erfolg, ein greifbares Resultat erst dann möglich werden, wenn die Schlüsselfiguren des internationalen Lebens, sich zu Basisfragen einigen können, zu einer vernünftigen Selbstbeschränkung und zu einem Beispiel für eine positive verantwortliche Führungsrolle werden. Es gilt genau das zu bestimmen, wo die

Grenzen einseitiger Handlungen liegen und wo es mehrseitiger Mechanismen bedarf. Und im Rahmen der Vervollkommnung des internationalen Rechts müssen wir das Dilemma zwischen den Handlungen der Weltgemeinschaft zur Gewährleistung von Menschenrechten und der nationalen Souveränität, der Nicht-Einmischung in die inneren Angelegenheiten von Staaten auflösen. Gerade solche Kollisionen sind es, die immer häufiger zu willkürlicher auswärtiger Intervention in komplizierte innere Prozesse führen, mal um mal gefährliche Widersprüche zwischen den führenden Playern der Welt provozieren.

Die Frage nach der Erhaltung der Souveränität wird geradezu zur wichtigsten Frage der Erhaltung und Festigung der weltweiten Stabilität. Es ist dabei klar, dass die Diskussion von Gewaltanwendung von aussen an sich schon höchst schwierig ist. Und es ist nahezu unmöglich, sie vom jeweiligen Interesse des einen oder anderen Landes zu trennen. Allerdings ist es weit gefährlicher, wenn es an für alle verständlichen Vereinbarungen an exakt bestimmten Bedingungen fehlt, unter denen eine Einmischung notwendig und rechtmässig wäre. Ich möchte hinzufügen, dass die internationalen Beziehungen auf dem internationalen Recht beruhen müssen, in dessen Grundlage auch solche moralischen Prinzipien herrschen wie Gerechtigkeit, Gleichberechtigung, Wahrheit. Wahrscheinlich ist eine Achtung des Partners und seiner Interessen dabei das Wichtigste. Das ist eine sich aufdrängende Formel, aber hielte man sich ganz einfach an sie, so wäre das dazu imstande, die Lage in der Welt von Grund auf zu verändern.

Ich bin überzeugt davon, gäbe es nur einen Willen dazu, wir sind in der Lage die Effizienz Internationaler und regionaler Institutionen wieder herzustellen. Hier ist es nicht einmal notwendig, etwas komplett neu von null oder auf der grünen

Wiese zu erschaffen, zumal die nach dem zweiten Weltkrieg geschaffenen Institutionen durchaus universell sind und mit modernen Inhalten, die der  jetzigen Lage entsprechen, angefüllt werden könnten. Das betrifft auch die Vervollkommnung der Arbeit der UN, deren zentrale Rolle unersetzlich bleibt, und die Arbeit der OSZE, welche im Verlauf von 40 Jahren unter Beweis gestellt hat, dass man einen solchen Mechanismus zur Gewährleistung von Sicherheit und Zusammenarbeit im Euro-Atlantischen Raum bedarf. Anzumerken ist, dass auch jetzt bei der Beilegung der Krise in der Südost-Ukraine die OSZE eine sehr positive Rolle spielt.

Vor dem Hintergrund der Veränderungen im internationalen Bereich, dem Anwachsen von nicht zu steuernden ganz verschiedenartigen Bedrohungen, benötigen wir einen globalen Konsens der verantwortlichen Mächte. Die Rede ist nicht von irgendwelchen lokalen Abmachungen, auch nicht von einem Aufteilen von Interessenssphären im Sinne der klassischen Diplomatie, und auch nicht von irgendwessen Dominanz. Ich bin der Meinung, dass es eine neue Version gegenseitiger Abhängigkeiten bedarf, davor darf man sich nicht fürchten, im Gegenteil, es ist ein gutes Instrument, um Positionen aufeinander abzustimmen. Das ist umso mehr aktuell, als dass man die Konsolidierung und das Wachstum einzelner Regionen des Planeten berücksichtigt, denn das verlangt nach einer institutionellen Gestaltung solcher Pole, nach der Schaffung von kräftigen, regionalen Organisationen und nach einer Ausarbeitung von Regeln für ihre Zusammenarbeit. Eine Korporation solcher Zentren würde einiges zur Stabilität der weltweiten Sicherheit, Politik und Wirtschaft beitragen. Aber um einen solchen Dialog in die Wege zu bringen, muss man davon ausgehen, dass alle regionalen Zentren, die sich um sie herumbildenden Integrationsprojekte, die gleichen Rechte auf Entwicklung haben, auf dass sie einander ergänzen und niemand dazu in der Lage wäre, sie künstlich miteinander in Kollision und in Widerspruch zu bringen. Denn die Folge einer solchen destruktiven Linie wäre eine Zerstörung der Verbindungen unter den Staaten, und die Staaten selbst wären schweren Prüfungen ausgeliefert bis hin zu ihrer vollständigen Zerstörung.

Ich möchte noch an die Ereignisse des vergangenen Jahres erinnern. Damals haben wir unseren Partnern, sowohl den amerikanischen als auch den europäischen gesagt, dass übereilte, im Hintergrund getroffene Entscheidungen über sagen wir die EU-Assoziation der Ukraine, ernsthafte Risiken bergen. Und dabei haben wir noch nicht einmal etwas über die Politik gesagt, wir sprachen nur von der Wirtschaft, von ernsthaften, wirtschaftlichen Risiken. Und zwar, dass solche eigenmächtigen Schritte die Interessen vieler dritter Länder, darunter auch Russland, als wichtigsten Handelspartner der Ukraine berühren, dass eine breit angelegte Erörterung der entsprechenden Fragen von Nöten sei. In diesem Zusammenhang möchte ich daran erinnern, dass die Verhandlungen über einen Beitritt Russlands zur WTO ganze neunzehn Jahre gedauert haben. Das war eine sehr schwere Arbeit, aber am Ende stand ein gewisser Konsens. Warum erwähne ich das? Weil durch die Umsetzung des Assozierungsprojekts mit der Ukraine und unserer Partner mit ihren Produkten und Dienstleistungen gewissermassen durch die Hintertür ins Haus fallen, aber das war nicht abgemacht. Uns hat niemand nach unserer Meinung dazu gefragt. Die Gespräche zu allen Themen, die mit der EU-Assoziation der Ukraine zusammenhängen haben wir beharrlich, aber das möchte ich unterstreichen, vollkommen zivilisiert geführt. Wir haben Motive und Argumente eingebracht und mögliche Probleme aufgezeigt. Aber niemand wollte uns hören oder mit uns sprechen. Uns wurde einfach gesagt, das ist nicht eure Sache, das war's, Ende der Diskussion.

Anstelle eines schwierigen aber wie gesagt zivilisierten Dialogs, wurde die Angelegenheit bis dahin gesteigert, dass es zu einem Staatsstreich kam, das Land ins Chaos gestürzt, die Wirtschaft und der soziale Bereich zerrüttet wurden und ein Bürgerkrieg mit unzähligen Opfern begann. Wozu? Wenn ich meine Kollegen frage, wozu, dann gibt es keine Antworten, niemand hat eine Antwort darauf. So ist das. Alle zeigen Ratlosigkeit, das ist halt so passiert. Man hätte nicht zu solchen Handlungen ermuntern dürfen, dann wäre es auch nicht passiert, denn ich habe ja bereits davon gesprochen, der vormalige Präsident Janukowytch hatte doch alles schon unterschrieben und war mit allem einverstanden, wozu war es nötig, das noch zu tun? Was war der Sinn? Was war das denn – eine zivilisierte Art, Antworten zu finden? Offenbar halten die, die immer neue farbige Revolutionen produzieren, sich für geniale Künstler und können sich schon nicht mehr bremsen.

Ich bin davon überzeugt, dass die Arbeit von integralen Vereinigungen und die Zusammenarbeit von regionalen Strukturen auf einem transparenten, verständlichen Grund fussen muss. Und als gutes Beispiel für eine solche Offenheit dient der Heranbildungsprozess der Eurasischen Wirtschaftsunion. Die Teilnehmerstaaten dieses Projekts haben ihre Partner vorab über ihre Pläne und die Parameter unserer Union informiert, über die Prinzipien ihrer Tätigkeit, die in vollkommenem Einklang mit den Prinzipien der Welthandelsorganisation stehen. Ich füge hinzu, dass wir es ebenso begrüssen würden, wenn es zu einem gegenständlichen Dialog zwischen der eurasischen und der europäischen Union käme. Darin haben wir übrigens bislang auch nur Ablehnung erfahren. Und auch hier ist es unverständlich, aus welchem Grund. Was gibt es denn Schlimmes daran? Und selbstverständlich, wir würden angesichts einer solchen gemeinsamen Arbeit meinen, und das sagte ich bereits mehrfach und hörte positive Resonanz vieler unserer westlicher Partner auf jeden Fall der Europäischen, dass man sich über die Notwendigkeit der Heranbildung eines einheitlichen Raumes der wirtschaftlichen und humanitären Zusammenarbeit vom Atlantik bis zum stillen Ozean unterhält.

Verehrte Kollegen, Russland hat seine Wahl getroffen. Unsere Prioritäten stehen in einer weiteren Vervollkommnung der demokratischen Institutionen und einer offenen Wirtschaft, in einer beschleunigten, inneren Entwicklung unter Berücksichtigung aller positiven, derzeitigen Tendenzen der Welt und in der Konsolidierung der Gesellschaft auf Grundlage traditioneller Werte und des Patriotismus. Auf unserer Tagesordnung steht die Integration. Diese Tagesordnung ist positiv und friedlich. Wir arbeiten aktiv mit unseren Kollegen in der Eurasischen Wirtschaftsunion der schanghaier Organisation für Zusammenarbeit, der BRICS und anderen Partnern zusammen. Diese Tagesordnung zielt auf die Entwicklung von Beziehungen der Staaten untereinander und nicht auf deren Absonderung. Wir haben es nicht vor, irgendwelche Blöcke zusammen zu zimmern oder uns in einen Schlagabtausch ziehen zu lassen. Jeder Grundlage entbehren auch Behauptungen, Russland sei bestrebt, irgendein Imperium wieder zu errichten, oder verletze die Souveränität seiner Nachbarstaaten. Russland verlangt nicht nach einem besonderen, ausserordentlichen Platz in der Welt, das möchte ich betonen. Indem wir die Interessen der anderen achten, möchten wir einfach, dass man auch unsere Interessen berücksichtigt, und unsere Position achtet.

Wir verstehen sehr gut, dass die Welt in ein Zeitalter der Veränderungen und tiefgreifender Transformationen eingetreten ist, indem alle ein besonderes Mass an Vorsicht und Fähigkeit brauchen, unüberlegte Schritte zu vermeiden. In den Jahren nach dem kalten Krieg haben die Teilnehmer der Weltpolitik diese Qualitäten in gewissem Masse eingebüsst. Jetzt gilt es, sich wieder an sie zu erinnern. Im anderen Fall werden sich die Hoffnungen auf friedliche, stabile Entwicklung als gefährliche Illusion erweisen, und die heutigen Erschütterungen wären dann die Vorboten eines Zusammenbruchs der Weltordnung. Natürlich ist, und ich sagte das bereits, der Aufbau eines stabileren Systems der Weltordnung eine komplizierte Aufgabe. Die Rede ist von langjähriger und ihrem Wesen nach schwere Arbeit. Wir haben es geschafft, Regeln für die Zusammenarbeit nach dem zweiten Weltkrieg zu erarbeiten. Wir konnten uns auch in den Siebziger-Jahren in Helsinki einigen. Unsere gemeinsame Verpflichtung besteht nun darin, dass wir diese fundamentale Aufgabe auch in dieser neuen Etappe der Entwicklung meistern. Vielen Dank für Ihre Aufmerksamkeit.

Zitat Ende: Wladimir Putins Rede im Valdai Club

Quelle: https://www.yotube.com/watch?v=6K9VxEERrdw

# 4  Korrigierender Geschichtsunterricht

Propaganda und Lügenpresse haben scheinbar eine lange Tradition und machen auch nicht Halt in unseren Schulen, Universitäten und Geschichtsbüchern.

Im Internet fand ich Aussagen von Benjamin Freedman 1961 und Adolf Hitler von 1941, welche die in den Schulen und Universitäten unterrichteten Ereignisse des ersten und zweiten Weltkriegs doch ziemlich in Frage stellen. Zusätzlich untermauert ein ebenfalls im Internet gefundenes Video meine Zweifel am Geschichtsunterricht, weil dort die amerikanischen Zeitungen von 6 Mio. Judenopfern bereits im Jahre 1915 berichten - 18 Jahre bevor Hitler an der Macht war.

Machen Sie sich nach folgendem Studium Ihr eigenes Bild.

## 4.1  Benjamin Freedman – Rede im Willard Hotel 1961

Benjamin Freedman wurde 1890 als Sohn jüdischer Eltern geboren. Er verstarb 1984. Als einflussreicher jüdischer Geschäftsmann in New York war er Haupteigentümer der Woodbury Soap Company. Er besass weltweite Kontakte, die politisch bis ins Weisse Haus reichten. Er war Teilnehmer und Augenzeuge der „Friedenskonferenz" 1919 in Versailles. Als Insider auf höchster Ebene in jüdischen Organisationen, war er persönlich mit Bernard Baruch, Samuel Untermeyer, Woodrow Wilson, Franklin D. Roosevelt, Joseph Kennedy, John F. Kennedy und anderen Personen der Zeitgeschichte befreundet.

Nach dem 2. Weltkrieg distanzierte er sich vom Zionismus sowie Judaismus und konvertierte zum Christentum. Im Alter setzte er sich selbst und sein Vermögen dafür ein, die Welt über die Taten der Zionisten aufzuklären. In diesem Zusammenhang gab er im Jahre 1961 ein Interview im Willard Hotel:

Zitat Beginn:

Die Zionisten und ihre religiösen Verbündeten haben hier in den USA die absolute Kontrolle über unsere Regierung. Wahrscheinlich denken Sie, dies sei eine recht kühne Behauptung. Aber lassen Sie mich erzählen und zeigen was passierte, während Sie, nein, während wir alle, ich schliesse mich da mit ein, „schliefen".

Der 1. Weltkrieg brach im Sommer 1914 aus. Es sind einige in meinem Alter hier, die sich noch daran erinnern werden. Nun, dieser Krieg wurde auf der einen Seite von Grossbritannien, Frankreich und Russland, und auf der anderen Seite von Deutschland, Österreich/Ungarn und der Türkei geführt. Was hat sich da zugetragen? Innerhalb von zwei Jahren gewann Deutschland diesen Krieg, nicht nur nominell, sondern tatsächlich. Die deutschen U-Boote, welche eine Überraschung für die Welt waren, fegten die Konvois vom Atlantik. Grossbritanniens Munition und Vorräte gingen zur Neige. Sie hatten nur noch einen Wochenvorrat an Nahrung. Der Hunger war nahe. Zur gleichen Zeit meuterte die französische Armee, sie hatten 600'000 Blüten der französischen Jugend bei der Schlacht von Verdun an der Somme verloren. Die russische Armee war am Ende. Sie nahmen ihre Sachen und gingen nach Hause, sie wollten nicht mehr weitermachen und sie mochten den Zar auch nicht unbedingt. Die italienische Armee war kollabiert. Nicht ein Schuss wurde auf deutschem Boden abgefeuert. Nicht ein Feind hatte die deutsche Grenze überschritten, und dennoch bot Deutschland, England den Frieden an. Einen Frieden auf einer Basis, den Anwälte den „Status quo ante" nennen würden. Das bedeutet: Lasst uns den Krieg beenden und lasst alles so sein, wie es war, bevor der Krieg begann. England dachte im Sommer 1916 ernsthaft darüber nach. Tatsächlich hatten sie keine Wahl, entweder sie würden dieses Friedensangebot annehmen oder bis zur Selbstvernichtung weiterkämpfen.

Während dieser Phase wandten sich deutsche Zionisten, die die Zionisten Osteuropas repräsentierten, an das britische Kriegskabinett, und, ich möchte die ganze Sache hier verkürzen, aber ich habe alle Dokumente hier um das zu beweisen, sie sagten: „Seht her, ihr könnt diesen Krieg noch gewinnen, ihr müsst nicht aufgeben. Ihr müsst diesen Frieden nicht annehmen den Euch die Deutschen angeboten haben. Ihr könnt diesen Krieg noch gewinnen, mit den USA als Euren Verbündeten."

Die USA hatten mit diesem Krieg noch nichts zu tun. Wir waren frisch, wir waren jung, wir waren reich und wir waren mächtig. Die Zionisten sagten zu England: „Wir garantieren, dass wir die USA in den Krieg führen als Euren Verbündeten, so dass sie an Eurer Seite kämpfen werden, wenn Ihr uns Palästina gebt, nachdem Ihr den Krieg gewonnen habt." Mit anderen Worten machten sie folgendes: „Wir führen die USA in den Krieg als Euren Verbündeten. Den Preis, den ihr zu zahlen habt, ist Palästina, nachdem ihr den Krieg gewonnen habt, und Deutschland Österreich/Ungarn und die Türkei besiegt worden sind. Nun England hatte das gleiche Recht irgendjemandem Palästina zu versprechen, wie wenn die USA den Iren Japan versprechen würden, aus welchen Gründen auch immer. Es war absolut absurd, dass Grossbritannien, das keine Verbindungen oder Interessen und auch sonst keine Rechte zu dem Gebiet hatte, welches als Palästina bekannt ist, dieses Land als Zahlungsmittel einzusetzen, um die Zionisten dafür zu bezahlen, dass diese die USA zum Kriegseintritt bewegen würden.

Wie auch immer, Sie gaben dieses Versprechen im Oktober 1916. Und kurz danach, ich weiss nicht wie viele sich noch daran erinnern werden, traten die USA, die bis dahin immer absolut pro-deutsch waren – ich sage die USA waren (bis dahin) immer pro-deutsch, weil die Zeitungen unter jüdischer Kontrolle waren, die Bankiers waren Juden, die Massenmedien in diesem Land waren unter jüdischer Kontrolle und die Juden selbst waren pro-deutsch, weil viele von ihnen aus Deutschland kamen. Sie wollten, dass Deutschland den Zar besiegt. Die Juden hassten den Zar, sie wollten nicht, dass Russland den Krieg gewinnt. Diese deutsch-jüdischen Bankiers, wie Kuhn-Loeb und andere Grossbanken der USA, weigerten sich England und Frankreich auch nur mit einem Dollar zu unterstützen. Sie sagten: „Solange England und Frankreich Verbündete Russlands sind, gibt es nicht einen Cent!“ Aber sie pumpten Geld nach Deutschland, sie kämpften mit Deutschland gegen Russland, um das zaristische Regime zu brechen.

Nun, dieselben Juden, als sie die Möglichkeit sahen, Palästina zu bekommen, schlossen den Vertrag mit England ab. Ab diesem Moment änderte sich alles, wie bei einer Ampel, die von rot auf grün schaltet. Alle Zeitungen, die den Menschen erzählten, wie schwer es doch die Deutschen im Kampf gegen die Briten hätten, änderten plötzlich ihre Meinung. Sie erzählten, die Deutschen wären schlecht, sie wären wie die Hunnen, wie Barbaren. Sie, die Deutschen, würden Rot-Kreuz-Schwestern erschiessen und kleinen Babys die Hände abschneiden. Sie wären einfach schlecht. Nun, kurz darauf erklärte Präsident Wilson Deutschland den Krieg. Die Zionisten in London telegrafierten in die USA, zu Richter Brandeis, mit der Aufforderung: „Gehen Sie zu Präsident Wilson und bearbeiten Sie ihn, wir bekommen von England was wir wollen. Bringen Sie Präsident Wilson dazu, in den Krieg einzutreten.“ So sollte es dann auch kommen.

Auf diese Art und Weise traten die USA in den Krieg ein. Wir hatten kein Interesse daran. Wir hatten das gleiche Recht in diesen Krieg einzutreten, wie wenn wir heute Abend auf dem

Mond anstatt in diesem Saal wären. Für den Krieg, den Ersten Weltkrieg, an dem die USA teilnahm, gab es absolut keinen Grund, weshalb das unser Krieg sein sollte. Wir wurden hineingetrieben, nur damit die Zionisten dieser Welt ihr Palästina bekommen. Nun, das ist etwas, was den Bürgern dieses Landes niemals erzählt wurde. Sie haben nie gewusst, warum wir in den 1. Weltkrieg eintraten.

Nachdem wir eingetreten waren, gingen die Zionisten nach Grossbritannien und sagten: „Wir haben unseren Teil der Abmachung erfüllt, gebt uns ein Schriftstück das uns zeigt, dass wir Palästina bekommen, nachdem ihr den Krieg gewonnen habt." Sie wussten auch gar nicht, wie lange der Krieg dauern würde, ob 1, 2 oder 10 Jahre, aber sie fertigten es an. Das Schriftstück wurde in Form eines Briefes, in einer eigenartigen Ausdrucksform geschrieben, so dass die Welt nicht genau wissen würde, das dahintersteckt. Dieses Schriftstück benannt als: Balfour Erklärung. Die Balfour Deklaration war nichts anderes, als die Rechnung an England, die Zionisten für das abgemachte „Geschäft" zu bezahlen, falls Grossbritannien vergessen sollte, sie es waren, die die USA in den Krieg gebracht hatten. Diese „grosse" Balfour Deklaration ist genauso wertvoll wie eine 3 Dollar Note. Ich denke, ich kann mich nicht anders ausdrücken.

So begann der ganze Ärger. Die USA traten in den Krieg ein. Die USA vernichteten Deutschland. Was dann passierte, wissen Sie ja. Als der Krieg zu Ende war, und die Deutschen bei der Pariser Friedenskonferenz 1919 eintrafen, waren auch 117 Juden anwesend. Eine jüdische Delegation, die die Juden Osteuropas repräsentierte, angeführt von Bernard Baruch. Ich war auch da, ich sollte das wissen. Die Juden in dieser Konferenz, als man gerade dabei war Deutschland zu zerstückeln, um es an die Europäer zu verteilen, sagten: „Wie schaut's nun mit Palästina für uns aus?" Und sie brachten, zum ersten mal in Gegenwart der

Deutschen, die Balfour Deklaration zur Sprache. Da erkannten die Deutschen zum ersten mal, was da für ein Spiel gespielt wird. Das war also der Grund, weshalb die USA in den Krieg eingetreten waren. Die Deutschen erkannten zum ersten mal, dass sie nur deswegen besiegt worden waren, und dass sie irrsinnige Reparationszahlungen leisten müssen, nur weil die Zionisten Palästina besitzen wollen.

Das bringt uns zu einem anderen interessanten Punkt. Als die Deutschen das erkannten, nahmen sie das den Juden verständlicherweise sehr übel. Nach dieser Zeit ging es jedoch den Juden in keinem anderen Land auf dieser Welt besser als in Deutschland. Es gab Herrn Rathenau, der bestimmt genauso wichtig in Industrie und Finanz war, wie Bernard Baruch in diesem Land. Es gab Herrn Balin, Besitzer der grossen Dampfschiffahrtslinien, der Nordeutsche Lloyds und der Hamburg-Amerika Linie. Es gab Herrn Bleichroder, den Bankier der Hohenzollern Familie. Es gab die Warburgs in Hamburg, eine Kaufmanns- und Bankiersfamilie, die grösste auf dieser Welt. Den Juden ging es sehr gut in Deutschland. Da besteht gar keine Frage. Aber die Deutschen dachten: „Das war ein ziemlicher Ausverkauf." Es war ein Ausverkauf, der folgender hypothetischen Situation gleichkommt: Stellen wir uns vor, die USA, wären im Krieg mit der UdSSR, und wir wären am gewinnen, und wir würden zur Sowjetunion sagen, lasst uns die Sache schnell beenden und das Ganze vergessen. Plötzlich würde das rote China in den Krieg eintreten, als Verbündeter der UdSSR. Und dadurch würden wir vernichtend geschlagen werden. Gleich danach kämen Reparationszahlungen in einem Ausmass, das wir uns gar nicht vorstellen können, auf uns zu. Stellen Sie sich vor, dass wir gleich nach dem Krieg erfahren würden, dass unsere US-Chinesen, unsere Mitbürger von denen wir immer dachten, dass sie loyale und zuverlässige Bürger unseres Landes wären, und wir fänden heraus, dass diese US-Chinesen uns an die UdSSR verkauft hätten, dass sie es waren, die dafür gesorgt haben, dass Rot-China in den Krieg eingetreten ist. Wie würden wir, die USA, gegenüber diesen Chinesen fühlen? Ich glaube, keiner von ihnen, könnte sein Gesicht jemals wieder auf den Strassen zeigen. Es würde nicht genug Laternen geben, die sie bei Nacht schützen würden. Wie würden wir uns fühlen…? Nun, so fühlten auch die Deutschen gegenüber den Juden. Sie waren immer sehr anständig zu den Juden gewesen. Und von 1905 an, als die erste kommunistische Revolution in Russland fehlschlug, und die Juden aus Russland vertrieben wurden, gingen sie alle nach Deutschland, und Deutschland gab ihnen Unterschlupf. Sie wurden sehr gut behandelt.

Und da sind wir nun, Deutschland ist verkauft worden, ist den Bach herunter gegangen und zwar nur aus einem Grund, nur damit sie Palästina besitzen können als ihr sogenanntes „Jewish Commonwealth". Nahum Sokolow und all die grossen Führer und Namen die man heute mit dem Zionismus in Verbindung bringt, schrieben von 1919 – 1923 in ihren Zeitungen und sie waren voll mit ihren Aussagen, dass das Gefühl gegenüber den Juden noch annehmbar sei, obwohl die Deutschen erkannt hatten, dass die Juden-Einmischung für den Kriegseintritt der USA verantwortlich waren, was zu ihrer Niederlage führte. Die Juden selbst hatten es zugelassen. Es war nicht so, dass die Deutschen 1919 plötzlich festgestellt hätten, dass sie jüdisches Blut mehr hassten als Coca Cola oder Münchner Bier. Es gab keine religiösen Gefühle, es gab auch keine Anfeindungen, nur weil die Juden einen anderen Glauben haben. Es war nur politisch, es war wirtschaftlich und alles, nur nicht religiös. Niemanden in Deutschland kümmerte es, ob ein Jude abends nach Hause ging, seinen Rolladen herunterliess und „Shema Yisroel" oder „Unser Vater" betete. Niemand kümmerte sich darum, nicht mehr und nicht weniger wie hier in den USA.

Dieses Gefühl, das sich später in Deutschland entwickelte, ist darauf zurückzuführen, dass die Deutschen die Juden für ihre Niederlage verantwortlich machten. Der 1. Weltkrieg begann, ohne dass die Deutschen dafür verantwortlich gewesen waren. Sie hatten überhaupt keine Schuld, nur die Schuld erfolgreich zu sein. Sie bauten eine grosse Marine. Sie bauten einen Handel mit der ganzen Welt auf. Sie müssen sich darüber klar werden, dass Deutschland zur Zeit Napoleons, der Zeit der französischen Revolution, das war die Zeit des Deutschen Reiches, aus über 300 kleinen Stadtstaaten, Grafschaften, Fürstentümern usw. bestand. 300 kleine politische Einheiten. Und zwischen dieser Zeit, der Zeit Napoleons und Bismarcks, wurden diese zu EINEM Land zusammengeführt. Und 50 Jahre danach gehörte Deutschland zu den Weltmächten. Ihre Marine rivalisierte mit der britischen und sie gingen dem Handel auf der ganzen Welt nach. Sie machten bessere Produkte und sie konnten mit jedem konkurrieren. Und was war das Ergebnis? Es gab eine Verschwörung zwischen England, Frankreich und Russland, dass: „Wir Deutschland beseitigen müssen", weil es keinen einzigen Historiker in der Welt gibt, der einen validierten, rechtskräftigen Grund finden kann, wieso diese drei Länder entschieden, Deutschland politisch von der Landkarte zu beseitigen.

Als Deutschland erkannte, dass die Juden für ihre Vernichtung verantwortlich waren, verübelten sie ihnen das natürlich. Aber nicht ein einziges Haar von einem Juden wurde gekrümmt. Nicht ein einziges Haar. Professor Transil, von der Georgtown – Universität, der Zugang zu allen geheimen Dokumenten des State Department hatte, zitierte in seinem Buch ein Dokument des State Departments, geschrieben von Hugo Schoenfeld einem Juden, der von Cordell Hull 1933 nach Europa geschickt wurde, um die sogenannten Lager für politische Gefangene zu inspizieren. Er berichtete, dass alle Gefangenen in guter Verfassung seien, dass es allen sehr gut ginge, jeder gut behandelt wird und dass sie mit Kommunisten gefüllt seien. Gut, viele der Gefangenen waren Juden, weil wahrscheinlich 98% der Kommunisten Juden waren zu diese Zeit in Europa. Und es gab einige Priester dort und Minister, Gewerkschaftsführer, Freimaurer und andere, die internationale Verbindungen hatten.

Nun, die Juden versuchten sozusagen über diese Tatsache Stillschweigen zu bewahren. Sie wollten nicht, dass die Welt wirklich versteht, dass sie Deutschland verkauft hatten und, dass die Deutschen ihnen das verübelten, so dass diese dann entsprechende Massnahmen gegen sie ergriffen. Sie, wie soll ich es sagen, diskriminierten sie, wo sie es konnten. Sie meideten sie auf dieselbe Weise, wie wir es mit Chinesen, Schwarzen, Katholiken oder mit irgendjemandem in diesem Land tun würden, der uns an einen Feind verkauft und so unsere Vernichtung herbeigeführt hätte.

Nun, nach einer Weile wussten die Juden der Welt nicht, was zu tun sei. So beriefen Sie ein Treffen in Amsterdam ein. Juden aus jedem Land der Welt nahmen daran teil, im Juli 1933, und sie sagten zu Deutschland: „Ihr feuert Hitler und ihr bringt jeden Juden in seine frühere Position zurück, obgleich er Kommunist oder was immer war. Ihr könnt uns nicht auf diese Art behandeln. Wir, die Juden der Welt, fordern euch auf und stellen Euch dieses Ultimatum zu." Nun, die Deutschen sagten Ihnen...man kann es sich denken.

Der Hintergrund dessen war: In den Jahren 1917 übernahmen die Kommunisten für einige Zeit Deutschland. Rosa Luxemburg und Karl Liebknecht, und eine Gruppe anderer Juden, übernahmen die Regierung für drei Tage. Nach dem Krieg floh

Kaiser Wilhelm nach Holland, weil er dachte, dass der Kommunismus über Deutschland kommen würde wie in Russland, dass ihm das gleiche Schicksal widerfahren würde, wie dem Zaren Russlands. Deshalb dankte er ab und ging nach Holland, wegen seiner Sicherheit. Zu dieser Zeit, als der Kommunismus in Deutschland erstarkte, arbeiteten die Juden daran, ihren alten Status wieder herzustellen. Die Deutschen aber, bekämpften sie. Sie bekämpften die Juden, wie die Prohibitionisten in unserem Land den Alkohol und deren Anhänger bekämpft haben. Sie wurden nicht mit Pistolen bekämpft. Sie bekämpften Sie, wo und wie immer es ging. Zu dieser Zeit gab es zwischen 80-90 Millionen Deutsche, und nur 460'000 Juden, ungefähr 0.5% der Einwohner waren Juden, und doch kontrollierten sie die ganze Presse, und sie kontrollierten den Grossteil der Wirtschaft, weil sie, als die Deutsche Mark abgewertet wurde, mit ihrem wertvollen Dollar praktisch alles aufkauften.

Im Jahre 1933, als Deutschland sich weigerte, sich den Forderungen zu fügen, löste sich der Weltkongress der Juden in Amsterdam auf und Herr Untermeyer, welcher Präsident der amerikanischen Delegation und des gesamten Kongresses war, kam zurück in die Vereinigten Staaten und er ging vom Schiff aus zu ABC und machte einen Radiorundspruch durch die Vereinigten Staaten in welcher er sagte: „Die Juden der Welt erklären jetzt einen Heiligen Krieg gegen Deutschland. Wir sind jetzt in einen Heiligen Kampf gegen die Deutschen eingetreten und wir werden sie bis zur Kapitulation hungern lassen. Wir werden einen weltweiten Boykott gegen sie verhängen, der sie zerstören wird, da sie vom Exportgeschäft abhängig sind." Und es ist ein Fakt, dass zwei Drittel der Deutschen Nahrungszufuhr importiert werden mussten und es konnte nur importiert werden mit den Einnahmen des Exportes ihrer Arbeiter. Also, wenn Deutschland nicht exportieren könnte, würden zwei Drittel der

Deutschen Bevölkerung verhungern müssen. Es gab einfach nicht genug Nahrung für mehr als ein Drittel der Bevölkerung.

In dieser Verkündung, die ich hier habe, es wurde gedruckt auf dieser Seite, einer ganzen Seite, in der New York Times am 7. August 1933, sagte Mr. Samuel Untermeyer dreist: „Dieser wirtschaftliche Boykott ist unser Mittel der Selbstverteidigung." Präsident Roosevelt hat dessen Verwendung in den NRA (National Recovery Administration) zugestimmt, woran sich einige von Ihnen vielleicht noch erinnern können, wonach jeder boykottiert wurde, sofern er nicht den Richtlinien folgte, welche im New Deal festgelegt waren, die selbstverständlich verfassungswidrig deklariert wurden, vom Obersten Gerichtshof zu dieser Zeit. Nichtsdestoweniger erklärten die Juden der Welt einen Boykott gegen Deutschland und er war so effektiv, dass man nicht eine Sache in irgendeinem Geschäft irgendwo in der Welt finden konnte, mit den Worten „Made in Germany" darauf. Ein Mitarbeiter der Woolworth Company erzählte mir, dass sie Geschirr im Wert von mehreren Millionen Dollar, in den Fluss werfen mussten, da Kunden, die diese gefunden haben, sie, die Inhaber gleich mit „Hitleriten, Mörder usw." gebrandmarkt haben. Es gab viele dieser Aufmärsche und Protestaktionen. In einem Laden, der der R.H. Macy Kette angehörte, der von der Familie Strauss geführt wurde, die auch Juden waren, fand eine Frau Strumpfhosen mit dem Aufdruck „Made in Germany". Strumpfhosen aus Chemnitz, die dort seit 20 Jahren verkauft wurden, wurden boykottiert. Hunderte von Menschen liefen auf und ab und protestierten. Die Ladenbesitzer wurden mit „Mörder, Hitleriten" usw. beschimpft.

Bis zu dieser Zeit wurde keinem Juden in Deutschland auch nur ein Haar gekrümmt. Die Juden hatten nichts zu erleiden, mussten nicht hungern, wurden nicht attackiert oder ermordet.

Natürlich sagten sich die Deutschen: „Wer sind diese Menschen, die unser Land boykottieren, unser Volk arbeitslos werden lassen, und unsere Industrie zum Stillstand führen? Was glauben die, wer sie sind, dass sie das mit uns machen?" Die Deutschen nahmen ihnen das sehr übel. Plötzlich wurden in Deutschland jüdische Geschäfte mit Aufschriften und Zeichen bemalt. Warum auch sollte ein Deutscher sein Geld in ein Geschäft bringen, dessen Besitzer Deutschland mit boykottiert, der dafür sorgt, dass das deutsche Volk hungern musste und dadurch zur Aufgabe gezwungen werden, und sich dem Weltjudentum ergeben sollte? Ein Boykott, von Menschen, die den Deutschen ihren Premier oder Kanzler aufzwingen wollten - es war lächerlich. Der Boykott ging noch weiter, aber im Jahre 1938, als ein junger polnischer Jude in die deutsche Botschaft in Paris eindrang und einen Mitarbeiter erschoss, wurde es rauher für die Juden in Deutschland. Sie brachen Fenster ein und hatten Strassenkämpfe usw.

Ich benutze das Wort Antisemitismus ungern, weil es bedeutungslos ist, aber ich benutze es, weil sie es nicht anders kennen. Die einzigen Gründe, warum die Deutschen antijüdische Gefühle hatten, waren, dass die Juden verantwortlich waren für erstens: die Niederlage im 1. Weltkrieg, zweitens den weltweiten Boykott, und drittens den 2. Weltkrieg, und weil das Ganze aus der Hand glitt, weil es wichtig für die Deutschen und die Juden war zu sehen, wer den Kampf überleben und als Sieger herausgehen wird.

Ich habe lange in Deutschland gelebt und ich weiss, dass die Deutschen, sich zwischen Kommunismus und Christentum zu entscheiden hatten. Es standen diese Möglichkeiten zur Wahl, entweder Christentum oder Kommunismus. Und die Deutschen entschieden sich für das Christentum, so lange dies möglich war. Sie begannen sich wieder zu bewaffnen. Ihre Intention war damals, dass die USA die Sowjetunion anerkannt hat, was diese im November 1933 getan hatte. Die Sowjetunion wurde sehr mächtig. Die Deutschen erkannten dies und entschieden, sich auf den Weg zu machen und sich so weit zu entwickeln, bis sie stark sein würden. Das Gleiche machen wir doch auch, gehen und erst dann wieder auf der Bildfläche erscheinen, wenn wir stark sind. Unsere Regierung gibt im Jahr 83 oder 84 Milliarden für Verteidigung aus. Verteidigung gegen wen? Verteidigung gegen 40'000 kleine Juden in Moskau, die Russland übernommen haben, und in ihrer unaufrichtigen Art auch die Kontrolle über andere Staaten der Welt.

Heute leben wir an der Grenze zum 3. Weltkrieg aus dem keiner als Sieger hervorgehen wird. Das geht über meine Vorstellungskraft hinaus. Ich weiss, dass Atombomben im Megatonnenbereich gemessen werden. Eine Megatonne ist die Bezeichnung für 1 Million Tonnen TNT. Unsere Atombomben hatten eine Kapazität von 10 Megatonnen, 10 Millionen Tonnen TNT, als sie zum ersten mal entwickelt wurden, vor 5 bis 6 Jahren. Heute haben wir Atombomben im 200 Megatonnen Bereich, und nur Gott weiss, wie viel die Sowjetunion davon hat. Mit was haben wir es heute zu tun? Wenn wir heute einen Krieg auslösen, könnte er sich zu einem Atomkrieg entwickeln. Die Menschheit könnte ausgelöscht werden. Könnte das passieren? Es wird, wenn der Vorhang zum dritten Akt hochgeht. Akt 1 war der erste Weltkrieg, Akt 2 war der zweite Weltkrieg, Akt 3 wird der dritte Weltkrieg sein.

Die Juden der Welt, die Zionisten und ihre religiösen Verbündeten sind fest entschlossen, die USA weiterhin als ihren Stützpunkt für ihren Plan zu benutzen, das Land Palästina zur Hauptstadt ihrer Weltregierung zu machen. Das ist so wahr wie ich hier stehe. Nicht nur ich weiss das und habe es gelesen, viele hier haben das auch, und es ist auf der ganzen Welt bekannt.

Was können und sollen wir tun? Das Leben, das Sie retten, könnte das Ihres Sohnes sein. Ihre Jungs könnten heute Nacht auf dem Weg in diesen Krieg sein, und Sie wüssten genauso wenig darüber, wie Sie es 1916 in London wussten, als die britische Regierung und die Zionisten ihren Deal abschlossen, um Ihren Sohn in den Krieg nach Europa zu schicken! Hatten Sie das gewusst? Niemand in den USA wusste das. Es war Ihnen nicht erlaubt, das zu wissen. Wer wusste es? Präsident Wilson wusste es. Colonel House wusste es. Andere Eingeweihte wussten es auch. Wusste ich es? Ja, ich hatte eine ziemliche Ahnung davon, was so vor sich ging. Ich stand in enger Verbindung mit Henry Morgenthau Senior, in der Wahlkampagne 1912, als Präsident Wilson gewählt wurde. Es wurde rund um das Büro viel gesprochen. Ich war Vertrauensmann von Henry Morgenthau Senior, dem Vorsitzenden des Finanzkommitees, und ich stand in enger Verbindung mit Rollo Wells, dem Schatzmeister. Präsident Wilson am Tischende, und all die anderen. Ich hörte wie sie ihm die Einkommensteuer in sein Gehirn eingehämmert haben, die durch die Federal Reserve (Bundesbank) entstand, und ich hörte wie sie ihm die zionistische Bewegung indoktriniert haben. Richter (Louis) Brandeis und Präsident Wilson waren sich so nahe wie diese zwei Finger an meiner Hand. Präsident Wilson war, als das beschlossen wurde, so inkompetent wie ein neu geborenes Baby am Tage seiner Geburt. Das war die Art und Weise, wie wir in den 1. Weltkrieg eintraten, während wir alle „schliefen". Sie schickten unsere Jungs auf die Schlachtbank. Für was? Nur damit die Juden „ihr" Palästina bekommen konnten, als ihr „Commonwealth"?

Sie haben Euch verdummt, Sie haben Euch so verdummt, dass ihr nicht mehr wisst, wo links und rechts ist....Was wissen wir über die Juden? Ich nenne sie vor Ihnen, Juden, weil man sie so kennt. Ich selbst nenne sie nicht Juden. Ich nenne sie nur die „sogenannten Juden", weil ich weiss wer sie sind. Jesus war ein Jude. Da sind viele Juden in der Welt heute. Aber diese Juden wissen nicht, was Jene sind. Die osteuropäischen Juden, von denen 92% der jüdischen Weltbevölkerung abstammen, sind eigentlich gar keine Juden. Sie sind eigentlich Khazaren. Die Khazaren waren ein kriegerischer Stamm der tief im Herzen Asiens lebte. Sie waren so kriegerisch, dass die Asiaten selbst sie aus Asien vertrieben und nach Ost-Europa schickten. Die Khazaren gründeten ein grosses Königreich von 800'000 Quadratmeilen. Zu dieser Zeit existierte Russland noch nicht, genauso wie viele andere europäische Länder. Das Khazarenkönigreich war das grösste im gesamten Europa, so gross und so mächtig, dass, wenn andere Monarchen es um Kriegshilfe gebeten hätten, es diesem leicht 40'000 Soldaten hätte leihen können. So gross und mächtig waren sie. Die Khazaren waren Phallus-Verehrer-/Anbeter, was sehr unanständig ist und ich möchte auch nicht näher darauf eingehen. Das war ihre Religion wie sie auch die Religion vieler anderer Barbaren und Heiden auf diesem Planeten war. Der Khazarenkönig war so angewidert von dieser degenerierten Lebensweise, dass er sich entschied einen monotheistischen Glauben zu „adoptieren", entweder das Christentum, den Islam oder das Judentum, was eigentlich Talmudismus ist. Um eine Möglichkeit zu finden, zählte er ab 1, 2, 3...und er pickte den sogenannten Judaismus heraus, und dieser wurde dann zur Staatsreligion. Er sandte seine Leute in die Talmudschulen Pumbedita und Sura, woraus tausende Rabbis hervorgingen. Er eröffnete Synagogen und Schulen in seinem Königreich von 800'000 Quadratmeilen und vielleicht 10 – 20 Millionen Menschen und seine Leute wurden, was wir heute Juden nennen. Keiner von ihnen hatte jemals einen Vorfahren der auch nur mit einem Zehen das heilige Land betreten hat, nicht in der Geschichte des alten Testamentes, noch vom Anbeginn ihrer Zeit. Keiner von ihnen! Und dennoch kommen sie zu den Christen und bitten um militärische Hilfe in Palästina. Sie sagen: „Wollt ihr nicht dem auserwählten Volk helfen, ihr gelobtes Land, die Heimat ihrer Vorfahren zurück zu bekommen? Wir gaben euch einen unserer Söhne als Herrn und Erlöser. Ihr geht Sonntags in die Kirche, kniet nieder und betet einen Juden an, und wir sind Juden."

Aber sie sind heidnische Khazaren, die konvertierten genauso, als wenn die Iren konvertiert wären. Es ist lächerlich sie Volk des heiligen Landes zu nennen, so wie es lächerlich wäre, 54 Millionen chinesische Moslems, Araber zu nennen. Und so hätten 54 Millionen Chinesen den Islam als ihren religiösen Glauben akzeptiert. Nun stellen Sie sich vor, dass in China, 2000 Meilen entfernt von Mekka, wo Mohammed geboren wurde, stellen Sie sich vor, diese 54 Millionen Chinesen würden sich plötzlich selbst als „Araber" bezeichnen. Stellen Sie sich das vor! Sie würden sich fragen, ob diese Chinesen nicht ganz bei Trost sind. Alles was sie taten, war, den Glauben anzunehmen, dessen Ursprung Mekka in Arabien ist. So, wie die Iren es auch taten. Die Iren wurden nicht zu anderen Menschen. Sie waren immer noch die Gleichen, nur, dass sie das Christentum angenommen haben. Diese Khazaren, diese Heiden, diese Asiaten, waren eine mongolische Rasse, die aus Asien nach Europa vertrieben wurde. Weil ihr König diesen Glauben angenommen hatte, hatte auch das Volk keine andere Wahl. So wie in Spanien. War der König katholisch, war es das Volk auch. Wenn man sich weigerte, hatte man das Land zu verlassen. So wurden diese Leute, die da zwischen den Bäumen und Buchen lebten, diese Khazaren zu dem, was wir heute Juden nennen.

Jetzt können Sie sehen, wie dumm es von den christlichen Regierungen war, zu sagen: „Wir werden Gottes auserwähltem

Volk, mit unserer Macht und unserem Prestige helfen, das Land ihrer Vorfahren zurück zu bekommen."

## Gibt es eine grössere Lüge als diese?

Und die Juden kontrollieren die Zeitungen, die Magazine, das Radio, das Fernsehen, die grossen Buchverlage und weil unsere Politiker ihre „Sprache" sprechen, ist es nicht überraschend, dass Ihr diese „Schwarz-Weiss-Lügen" glaubt, wenn Ihr das oft genug hört. Ihr würdet schwarz nicht mehr schwarz nennen. Ihr würdet schwarz, weiss nennen, und niemand könnte euch die Schuld geben. Das ist eine unserer grossen Lügen. Es ist das Fundament des ganzen Elends, das uns auf dieser Welt befallen hat...

Wissen Sie, was die Juden am Tag des Atonements machen, der Tag bei dem Sie denken, dass er so heilig für die Juden wäre? Das ist kein Hörensagen. Ich war einer von ihnen. Ich bin nicht hier um Ihnen irgendeinen Schwachsinn zu erzählen. Ich geben Ihnen hier Fakten! Am Tag des Atonements geht man in eine Synagoge. Für das erste Gebet das man vorträgt, steht man aufrecht. Es ist das einzige Gebet für das man steht. Man wiederholt dreimal ein Kurzgebet mit dem Namen Kol Nidre. In diesem Gebet schliesst man ein Abkommen mit Gott, das besagt, dass jeder Eid, jedes Versprechen und jedes Gelöbnis, das man während der nächsten zwölf Monate gegenüber Nichtjuden macht, null und nichtig ist. Der Eid ist kein Eid, das Versprechen kein Versprechen und das Gelöbnis kein Gelöbnis. Das alles hat bei Juden keinen moralischen Wert. Und der Talmud lehrt auch, dass wenn man ein Versprechen oder ein Gelöbnis abgibt, man sich immer an den Tag des Atonements erinnern soll, weil man als Jude diese Dinge nicht erfüllen muss, und man davon ausgenommen ist.

Nun, wie stark können Sie auf die Loyalität eines Juden zählen? Sie können darauf genauso zählen, wie die Deutschen im Jahre 1916 darauf gezählt haben. Wir werden das gleiche Schicksal erleiden wie Deutschland, aus den gleichen Gründen.


Zitat Ende: Benjamin Freedman im Hotel Willard 1961


Nachtrag zur Balfour – Erklärung:

Der Hinweis auf die Balfour-Erklärung wird nicht selten als Teil einer „rechten Verschwörungstheorie" abgetan. Es sei deshalb an dieser Stelle darauf hingewiesen, dass in der Unabhängigkeitserklärung des Staates Israel vom 14. Mai 1948 auf die Balfour-Erklärung explizit Bezug genommen wird. Nahum Goldmann, der Vorsitzende des Jüdischen Weltkongresses von seiner Gründung 1938 bis 1977, äusserte sich in diesem Zusammenhang wie folgt: „Zwei Kriege waren nötig, um Israel zu gründen. Der Erste, um England zur Proklamation der Balfour-Deklaration zu veranlassen. Der Zweite, um die Vereinten Nationen zu dem Beschluss der Schaffung eines jüdischen Staates in einem Teil von Palästina zu bringen" – siehe auch Nahum Goldmann, „Israel muss umdenken" Seite 15 – siehe auch: Wikipedia: Balfour-Deklaration.


Quelle: https://www.youtube.com/watch?v=EmchmH-eSw8

## 4.2   Adolf Hitler: Rede am 11. Dezember 1941

Die nachfolgende Rede macht deutlich, dass die USA damals die Deutschen mit ähnlichen Sanktionen und Kontosperrungen belegten, wie sie es heute (2014/2015) mit Russland tun. Die Ähnlichkeit dieser beiden Situationen ist verblüffend. Die untenstehende Rede zitiere ich, um die Vergleichbarkeit aufzuzeigen. Ich bin kein Fan von Hitler, doch die untenstehende Rede scheint nicht unvernünftig und sie wurde uns im Geschichtsunterricht leider vorenthalten:

Zitat Beginn:

So beginnt der steigende Einfluss des amerikanischen Präsidenten sich in dem Sinn auszuwirken, Konflikte zu schaffen oder vorhandene Konflikte zu vertiefen, auf alle Fälle aber zu verhindern, dass Konflikte eine friedliche Lösung finden. Jahrelang hat dieser Mann den einzigen Wunsch, dass irgendwo in der Welt ein Streit ausbricht, am besten in Europa, der die Möglichkeit gibt, der Verpflichtung der amerikanischen Wirtschaft an einen der beiden Streitenden eine politische Interessen-Verflechtung herzustellen, die eines wohl konnte, Amerika einen solchen Konflikt langsam näher zu bringen, und damit die Aufmerksamkeit von seiner zerfahrenen Wirtschaftspolitik im inneren nach aussen hin abzulenken. Besonders brüskant wird sein Vorgehen in diesem Sinn gegen das Deutsche Reich.

Vom Jahr 1937 ab setzten eine Anzahl von Reden ein, darunter ein besonders Niederträchtiges vom 5. Oktober 1937 in Chicago, in dem dieser Mann planmässig beginnt, die amerikanische Befindlichkeit gegen Deutschland aufzuhetzen. Er droht mit der Aufrichtung einer Art von Quarantäne gegen die sogenannten autoritären Staaten. Im Vollzug dieser sich nun dauernd steigernden Hass- und Hetz-Reden des Präsidenten Roosevelt, beruft er nach neuerlichen beleidigenden Erklärungen den amerikanischen Botschafter in Berlin zur Berichterstattung nach Washington. Seitdem sind die beiden Staaten nur noch durch Geschäftsregeln miteinander verbunden.

Vom November 1938 ab beginnt er planmässig und bewusst, jede Möglichkeit einer europäischen Befriedungspolitik zu sabotieren. Er heuchelt dabei nach aussen hin, Interesse am Frieden, droht aber jedem Staat, der bereit ist, die Politik einer friedlichen Verständigung zu betreiben mit Sperren von Anleihen, mit wirtschaftlichen Repressalien, mit Kündigung von Darlehen usw. Mir geben einen erschütternden Einblick die Berichte der polnischen Botschaft in Washington, London, Paris und Brüssel.

Im Januar 1939 beginnt dieser Mann seine Hetzkampagne zu verstärken und droht mit allen Massnahmen vor dem Kongress gegen die autoritären Staaten vorzugehen, ausser mit Krieg. Während der Bauer behauptet, dass andere Staaten versuchten, sich in amerikanische Angelegenheiten einzumischen, beginnt er deshalb im März 1939 in innereuropäische Angelegenheiten hineinzureden, die den Präsidenten der vereinigten Staaten überhaupt nichts angehen. Erstens versteht er diese Probleme nicht, und zweitens selbst wenn er sie verstünde und das geschichtliche Hergehen begriffe, hätte er ebenso wenig das Recht, sich um den mitteleuropäischen Raum zu bekümmern, wie etwa das deutsche Staatsoberhaupt das Recht hat, über die Verhältnisse in einem Staat der USA zu urteilen oder dazu eine Stellung zu nehmen.

Herr Roosevelt geht noch weiter: Gegen alle völkerrechtlichen Bestimmungen erklärt er Regierungen, die ihm nicht passen, nicht anzuerkennen, Neuordnungen nicht entgegen zu nehmen, Gesandtschaften von längst aufgelösten Staaten zu belassen, oder gar als rechtmässige Regierungen einzusetzen. Schlussendlich geht er soweit, mit solchen Gesandten Verträge abzuschliessen, die ihm dann sogar das Recht geben, fremde Territorien einfach zu besetzen. Am 5. April 1939 kam der berühmte Appell Roosevelts an mich und den Duce, der eine Mischung von geographischer und politischer Unkenntnis einerseits, gepaart mit der Arroganz eines Angehörigen bestimmter Millionärskreise andererseits darstellte, und in dem wir aufgefordert wurden, Erklärungen abzugeben um mit x-beliebigen Staaten Nicht-Angriffspakte zu schliessen, dabei zu grossen Teilen mit Staaten, die überhaupt nicht im Besitz ihrer Freiheit waren, weil sie von den Bundesgenossen des Herrn Roosevelt entweder annektiert oder in Protektorate verwandelt worden sind. Sie erinnern sich, meine Abgeordneten, dass ich damals diesem zudringlichen Herrn eine ebenso höfliche wie deutliche Antwort gab, was immerhin wenigstens für einige Monate den Strom der Redseligkeit dieses biederen Kriegshetzers abstockte.

Am 4. November 1939, wirkte sich die Abänderung des Neutralitätsgesetzes so aus, dass nunmehr das Waffen-Ausfuhrverbot aufgehoben wird und zwar zu Gunsten einer einseitigen Belieferung der Gegner Deutschlands. Er beginnt dann so ähnlich wie in Ostasien mit China auch hier über den Umweg einer wirtschaftlichen Verflechtung, eine früher oder später wirksam werdende Interessen-Gemeinschaft herzustellen. Und im selben Monat erkennt er einen Haufen von polnischen Emigranten als sogenannte Exil-Regierung an, deren einziges politisches Fundament ein paar Millionen von Warschau mitgenommenen polnischen Goldstücke gewesen sind.

Schon am 9. April geht er weiter und verfügt nun eine Sperrung der norwegischen und dänischen Guthaben mit dem verlogenen Vorwand, einen deutschen Zugriff dadurch zu verhindern, obwohl ihm genau bekannt ist, dass z.B. die dänische Regierung in ihrer Vermögensverwaltung von Deutschen überhaupt nicht beachtet, geschweige denn kontrolliert wird. Zu den verschiedenen Exil-Regierungen wird nun weiter von ihm auch eine Norwegische anerkannt. Schon am 15. Mai 1940 kommen zu diesen nun auch noch holländische und belgische Emigranten-Regierungen. Und ebenso tritt eine Sperrung der holländischen und belgischen Guthaben ein.

Allein die wahre Gesinnung dieses Mannes enthüllt ein kürzlich erhaltenes Telegramm vom 15. Juni an den französischen Ministerpräsidenten Renaud. Er teilt ihm mit, dass die amerikanische Regierung die Hilfeleistung der französischen Regierung verdoppeln wird, vorausgesetzt, dass Frankreich den Krieg gegen Deutschland fortsetzt. Um diesem Wunsch nach Kriegsverlängerung noch besonders Nachdruck zu geben, gibt er die Erklärung ab, dass die amerikanische Regierung, die Ergebnisse der Eroberungen, das heisst also die Rückgewinnung, z.B. der aus Deutschland geraubten Gebiete nicht anerkennen werde. Ich brauche Ihnen nicht zu versichern, meine Herren Abgeordneten, dass es jeder deutschen Regierung endlich gleichgültig ist, ob der Präsident der vereinigten Staaten, eine Grenze in Europa anerkennt oder nicht. Und auch in der Zukunft gleichgültig sein wird.

Die Führenden fallen nur zur Charakterisierung der planmässigen Hetze dieses Mannes an, der vom Frieden heuchelt und ewig nur zum Kriege hetzt. Denn nun überfällt ihn die Angst, dass im Falle eines Zustandekommens eines europäischen Friedens, die Milliardenvergoldung seiner Aufrüstung in kurzer Zeit als glatter Betrug erkannt wird, da niemand Amerika dann angriff, wenn dieses nicht selbst den Angriff provoziert.

Am 17. Juni 1940 verfügt der Präsident der vereinigten Staaten die Sperrung der französischen Guthaben, um, wie er sich ausdrückt, sie dem deutschen Zugriff zu entziehen, in Wirklichkeit aber, um mit Hilfe eines amerikanischen Kreuzers, das Gold von Casablanca nach Amerika abzuführen.

Im Juli 1940 steigern sich die Massnahmen Roosevelts immer mehr, sei es durch den Eintritt amerikanischer Staatsangehöriger in die britische Luftwaffe und durch die Ausbildung von englischem Flugpersonal in den vereinigten Staaten, den Weg zum Kriege selbst zu finden. Schon im August 1940 erfolgt die gemeinsame Aufstellung eines militärischen Programms für die vereinigten Staaten und Kanada. Um aber nun die Bildung eines amerikanisch-kanadischen Verteidigungskomitees wenigstens den grössten Dummköpfen plausibel erscheinen zu lassen, erfindet er von Zeit zu Zeit Krisen, in denen er tut, als Amerika vom Überfall bedroht sei, das er seinem schon wirklich erbarmungswürdigen Anhang dadurch einsuggeriert, dass er plötzlich Reisen abbricht, in höchster Eile nach Washington zurückkehrt, um solcherart die Gefährlichkeit der Situation zu unterstreichen.

Im September 1940 nähert er sich dem Krieg noch mehr, da fängt eine englische Flotte 50 Zerstörer der amerikanischen Flotte ab, um für allerdings militärische Stützpunkte mit britischem Besitztum von Nord- und Mittelamerika zu übernehmen. Wie er denn überhaupt eines erst der Nachwelt erklären wird, nämlich inwieweit all dieser Hass gegen das soziale Deutschland auch nur die Absicht mitspielt, das britische Empire in der Stunde des Verfalls möglichst sicher und gefahrlos übernehmen zu können.

Da nun England nicht mehr in der Lage ist, mit barem Geld amerikanische Lieferungen bezahlen zu können, presst er dem amerikanischen Volk das Pacht-Leihgesetz auf. Als Präsident erhält er nun Vollmachten zu Pacht- und Leihweisen zur Unterstützung der Länder deren Verteidigung ihn Roosevelt für Amerika als lebenswichtig erscheint.

Allein im März 1941 geht dieser Mann, nach dem Deutschland unter keinen Umständen zuwegen ist, auf seine fortgesetzten Anflegelungen zu reagieren, wieder einen Schritt weiter. Schon am 19. Dezember 1939 haben amerikanische Kreuzer innerhalb der Sicherheitszone den Dampfer Kolumbus, britischen Kriegsschiffe in die Hände gespielt. Er musste deshalb versenkt werden. Am selben Tag haben USA-Streitkräfte mitgewirkt, bei dem  Aufbringungsversuch des deutschen Dampfers Arauka. Zwei aus kanadischer Gefangenschaft bekommene deutsche Offiziere wurden ebenfalls entgegen aller völkerrechtlichen Bestimmungen gefesselt und wieder an die kanadischen Behörden ausgeliefert.

Am 27. März 1941 begrüsst derselbe Präsident, der gegen jede Aggression ist, die durch eine Aggression in Belgrad nach dem Sturz der Legal-Regierung ans Ruder gekommene Putschisten-Klicke – Simowitch und Genossen. Der Präsident Roosevelt schickt einen ins Amt, den Oberst Donovan, ein vollständig minderwertiges Subjekt. Sein Auftrag auf dem Balkan, um dort zu versuchen in Sofia und Belgrad einen Aufstand gegen Deutschland und Italien herbeizuführen. Er verspricht darauf im April, Jugoslawien und Griechenland Hilfe aufgrund des Leih-Pachtgesetzes. Noch Ende April erkennt dieser Mann die jugoslawischen und griechischen Emigranten wieder als Exil-Regierungen an und sperrt im übrigen erneut völkerrechtswidrig die jugoslawischen und griechischen Guthaben.

Und am 9. Juni kommt die erste englische Meldung, dass aufgrund eines Befehls des Präsidenten Roosevelts ein USA-Kriegsschiff ein deutsches U-Boot bei Grönland mit Wasserbomben bekämpft habe. Am 14. Juni erfolgt wieder völkerrechtswidrig die Sperrung der deutschen Guthaben in den vereinigten Staaten. Am 17. Juni verlangt Präsident Roosevelt unter verlogenen Vorwänden die Zurückziehung der deutschen Konsuls und Schliessung der deutschen Konsulate. Er hofft dadurch nun bestimmt, erstens Deutschland endlich zum Krieg zu zwingen, zweitens ansonsten den deutschen U-Boot-Krieg genauso wertlos zu machen wie etwa im  Jahre 1915 auf 1916. Zur gleichen Zeit schickt er ein amerikanisches Hilfsversprechen an die Sowjetunion ab.

Am 10. Juli gibt plötzlich der Marine-Minister-Korps-Kommandant bekannt, dass die USA einen Schiessbefehl gegen die Achsen-Kriegsschiffe besitze. Am 4. September operiert der USA-Zerstörer „Creek" entsprechend den ihm gegebenen Befehl mit englischen Flugzeugen gegen deutsche U-Boote im Atlantik. Die beleidigenden Angriffe und Anflegelungen dieses sogenannten Präsidenten, der mich persönlich, will ich dabei als belanglos übergehen, dass er mich einen Gangster nennt, ist umso gleichgültiger als dieser Begriff wohl mangels an derartigen Subjekten nicht aus Europa sondern aus Amerika stammen. Aber abgesehen davon kann ich von Herr Roosevelt überhaupt nicht beleidigt werden, denn ich halte ihn genauso wie einst es Woodrow WIlson war, ebenfalls für geisteskrank.

Dass dieser Mann mit seinem jüdischen Anhang seit Jahren mit den gleichen Mitteln gegen Japan kämpft, ist uns bekannt. Erst hetzt dieser Mann zum Krieg, dann fälscht er die Ursachen, stellt willkürliche Behauptungen auf, hüllt sich dann in widerwärtiger Weise ein in eine Wolke christlicher Heuchelei und führt so langsam aber sicher die Menschheit dem Krieg entgegen, nicht ohne dann als alter Freimaurer dabei Gott zum Zeugen anzurufen für die Ehrbarkeit seines Handelns, während wir uns darüber im Klaren sind, dass es die Absicht der Juden und des Präsidenten Roosevelt ist, einen Staat nach dem anderen allein zu vernichten.

Das heutige deutsche Reich hat aber nun nichts mehr gemein mit dem Deutschland von einst. Wir werden daher von unserer Seite nun das tun, was dieser Provokateur seit Jahren zu erreichen versuchte, nicht nur weil wir Verbündete von Japan sind, sondern weil Deutschland und Italien in ihrer derzeitigen Führung genügend Einheit und Stärke besitzen, um zu begreifen, dass in dieser historischen Zeit das Sein oder Nichtsein der Nationen bestimmt wird, vielleicht für immer. Was diese andere Welt mit uns vor hat, ist uns klar. Sie haben das demokratische Deutschland von einst zum Verhohne gebracht. Sie werden das Sozialistische von heute ausrotten. Wenn Hr. Roosevelt oder Hr. Churchill erklären, dass sie dann später eine neue soziale Ordnung aufbauen wollen, dann ist das ungefähr so, als wenn ein Friseur mit kahlem Kopf ein unglückliches Haarwuchsmittel empfiehlt.

Die Herren, die in den sozial rückständigsten Staaten leben, hätten statt für Kriege zu hetzen, sich um ihre Werte kümmern sollen. Sie haben in ihren Ländern Not und Elend genug, um sich dort im Sinne einer Verteilung von Lebensmitteln zu beschäftigen. Was das deutsche Volk betrifft, so braucht es weder von Hr. Churchill noch von Hr. Roosevelt oder gar von einem Mister Eden Almosen, sondern es will nur sein Recht. Und dieses Recht zum Leben werde ich sicherstellen, auch wenn 1000 Faxe von Roosevelt, sich dagegen verschwören sollten. Dieses Volk jedoch hat nun eine fast 2000-jährige Geschichte hinter sich. Es war in dieser langen Zeit noch nie so einig und geschlossen wie

heute, und wird dank der nationalsozialistischen Bewegung für
alle Zukunft so sein. Es war aber auch vielleicht noch nie so hell-
sehend und selten so ehrbewusst.

Zitat Ende: Adolf Hitler am 11. Dezember 1941
Quelle: https://www.youtube.com/watch?v=A8tHzosM-Zs

## 4.3 Alte Zeitungsberichte ab 1915 zeigen Erstaunliches zum Holocaust der 6 Mio. Juden

Im Urteil des Nürnberger Prozesses wird die Zahl der ermordeten Juden zwischen 1933 und 1945 auf **ca. 6 Millionen** festgesetzt. Im Folgenden wollen wir uns 10 amerikanische Zeitungen zwischen 1915 und 1938 ansehen. Alle berichten von **6 Millionen** verfolgten Juden:

### The Sun (New York) vom 6. Juni 1915, Teil 5, Seite 1

*Titel: Schrecken, schlimmer als Kischinjow, überfallen Russland*

*„Seit der Zerstörung des Tempels von Jerusalem (ca. 70 nach Christus) hat das jüdische Volk kein dunkleres Kapitel seiner Geschichte erlebt als das Kapitel, das heute die russische Regierung schreibt. **Sechs Millionen Juden**, die Hälfte aller Juden weltweit, werden verfolgt, gejagt, erniedrigt, gefoltert, verhungert. Tausende von Juden wurden geschlachtet. Mehrere Hunderttausend werden von Stadt zu Stadt gnadenlos vertrieben – alte Männer, Frauen und Kinder – vertrieben von russischen Regierungstruppen."*

Obiger Bericht erschien 18 Jahre bevor Hitler im Jahre 1933 an die Macht kam…18 Jahre!

### New York Times vom 18. Oktober 1918, Seite 12

*Titel: Der Fonds von 1 Milliarde Dollar, um Judentum wieder aufzubauen*

*„**Sechs Millionen Seelen** werden Hilfe brauchen, um wieder ein*

*normales Leben führen zu können, wenn der (Erste Welt-) Krieg
zu Ende ist"*


### New York Times, 8. September 1919, Seite 6

*Titel: Die ukrainischen Juden haben zum Ziel die (antijüdischen) Pogrome zu stoppen*

*„An Massenkundgebungen (von Juden in den USA) hört man von 127'000 ermordeten Juden. **6'000'000** sind in Gefahr (ermordet zu werden)... Wir müssen der Welt zuvor kommen, bevor sie den Slogan „Jene Pogrome müssen gestoppt werden" entschlossen ankündigen wird, sagte der Präsident in seiner jährlichen Rede. Wir müssen diese Tatsachen ständig vor Augen der zivilisierten Welt halten. Wir dürfen der Welt nicht erlauben, zu schlummern. Und zwar die Tatsache, dass **6 Millionen (Juden-) Seelen** in der Ukraine und Polen durch Worte und Handlungen in Kenntnis gesetzt wurden, dass sie vollständig ausgerottet werden. Diese Tatsache soll vor den Augen der ganzen Welt stehen, als das grösste Problem der heutigen Zeit."*


### New York Times vom 12. November 1919, Seite 7

*Titel: Es wird von einer jämmerlichen Notlage der Juden erzählt. – Felix M. Warburg sagt, sie (die Juden) haben im (Ersten Welt-) Krieg von allen am meisten gelitten*

*„Die aufeinander folgenden Schlachten von kämpfenden Armeen haben das Rückgrat des europäischen Judentums fast gebrochen, sagte er, und das hat als tragische Folge zu unglaublicher Armut, Hunger und Krankheiten von **6'000'000 Seelen** geführt, was die Hälfte der Juden weltweit ausmacht."*

***The Atlanta Constitution* vom 23. Februar 1920, Seite 3**

Titel: 50'000 Dollar wurden von der Stadt gespendet, um die leidenden Juden zu retten

„Er hat die Juden von Atlanta aufgerufen, sich in dieser Gelegenheit einzusetzen und für diesen Notfall zu spenden, um das Leben von **sechs Millionen Juden** zu retten….Dr. Marx hatte eine gute Idee zur Darstellung des Aufrufes der Vertreter des jüdischen Entlastungsfonds. Er hat ein grafisches Bild des Verhungerns und des Leidens von **6'000'000 Juden** gemalt, die in Osteuropa und Palästina leben und die die Verfolgungen erlebt haben, denen sie nicht nur in den letzten vier Jahren, sondern seit fast einem Jahrhundert immer wieder ausgesetzt werden. Tausende und Abertausende von unseren Menschen sind wegen Hunger und Pest umgekommen, und Tausende werden sterben, sagte er".

**New York Times vom 7. Mai 1920, Seite 11**

Titel: Die Juden bekommen 100'000 US-Dollar geschenkt als Kriegsentschädigung

„Der Fonds für die an den (Ersten Welt-)Kriegsfolgen leidenden Juden in Zentral- und Osteuropa, wo **sechs Millionen (Juden)** unter schrecklichen Bedingungen wie Hungersnot, Krankheiten und Tod leben, wurde durch 100'000 US-Dollar Spende von Nathan Strauss bereichert."

**New York Times vom 20. Juli 1921, Seite 2**

Titel: Amerikas Bitten retten **6'000'000** in Russland – Ein Gemetzel droht allen Juden, weil die sowjetische Macht schrumpft, erklärt Kreinin, der hier für Hilfe aufkommt"

„Russlands **6'000'000 Juden** sehen sich bedroht, durch ein Massaker ausgerottet zu werden. Während sich die Hungersnot ausbreitet, gewinnt die konterrevolutionäre Bewegung die Oberhand und die sowjetische Kontrolle schwindet langsam."

Obiger Bericht erschien 12 Jahre bevor Adolf Hitler im Jahre 1933 an die Macht kam!

### Gazette von Montreal vom 29. September 1931, Seite 6

Titel: **Sechs Millionen Juden** sind vom Verhungern bedroht – Rabbi Wise berichtet von schlechten Bedingungen in Süd- und Osteuropa. Angst-Krise naht.

„**Sechs Millionen Juden** in Osteuropa sind von Hungersnot bedroht, und wie wenn das nicht schon genug schlimm wäre, erst noch während des kommenden Winters."

### New York Times vom 31. Mai 1936, Seite 14

Titel: Amerikanischer Aufruf zum Schutz der Juden

„Die Petition, welche die Meinung der erhabenen Führerschaft der Christen in den Vereinigten Staaten widerspiegelt, ruft zu einer grossen Einwanderung der Juden nach Palästina auf, welche durch intolerantes Leiden von Millionen Juden im „**Europäischen Holocaust**" hervorgerufen wurde. Grossbritannien muss mit Hilfe der ihm zur Verfügung stehenden Macht die Türen Palästinas öffnen und die leidenden und verfolgten Juden einlassen, die dem „**Europäischen Holocaust**" entfliehen"

Von diesem **„Europäischen Holocaust"** wird im Jahre 1936 berichtet – 3,5 Jahre bevor der Zweite Weltkrieg (1939) begann...

An dieser Stelle sei auf den Zusammenhang hingewiesen, der zwischen der Gründung von Israel 1948 und der verstärkten Propaganda für Juden-Verfolgungen in Europa in amerikanischen Zeitungen seit dem Ersten Weltkrieg zu beobachten war. Die Juden-Verfolgungen bzw. Holocaust waren der offizielle Grund für die Gründung des Staates Israel.

### *New York Times vom 23. Februar 1938, Seite 23 (vor dem zweiten Weltkrieg)*

*Titel: Jüdische Lehrer werden von Isaacs getadelt.*

*„Jüdische Tragödie" wird gezeichnet (bzw. festgehalten) – Ein deprimierendes Bild von **6'000'000 Juden** in Mitteleuropa, welche ohne Schutz und ohne Geld langsam dem Hungertod ausgeliefert sind, jegliche Hoffnung auf Rettung verschwand – dieses Bild wurde den jüdischen Gelehrten von Jacob Tashis präsentiert... Die jüdische Tragödie begann, als Hitler 1933 an die Macht kam. Jetzt verbreitet sich Antisemitismus in 30 europäischen Nationen und bedroht die Existenz von Millionen von Juden. Das jüdische Volk steht der grössten Tragödie der Weltgeschichte gegenüber..."*

Zur Erinnerung: Das Urteil des Nürnberger Prozesses geht auch von dieser Zahl von **6'000'000 Juden** aus.

**New York Times vom 6. Oktober 1940, Seite 10**

*Titel: Die Neue Weltordnung den Juden verpflichtet*

*„Arthur Greenwood, Mitglied des britischen Kriegsministe-riums, hat den Juden der Vereinigten Staaten versichert, dass sobald der Sieg (im Zweiten Weltkrieg) erreicht ist, wird man Anstrengungen unternehmen, eine Neue Weltordnung zu in-stallieren, die auf den Idealen „Gerechtigkeit und Frieden" ba-siert…Sobald wir den Sieg erringen, was wir sicherlich auch tun sollten, werden die Völker die Gelegenheit haben, eine Neue Weltordnung zu etablieren, die auf Idealen der Gerechtigkeit und Frieden basiert."*

Quelle: https://vimeo.com/118467411

# 5 Zukunftsaussichten

Wie ich schon in meinem ersten Buch „Eine neue Zeit bricht an" erläutert habe, ist die Zukunft reine Potentialität. Ein negatives Resultat ist genauso möglich, wie ein positiver Ausgang der Dinge. Es hängt insbesondere von unseren Betrachtungsweisen und Entscheidungen ab. Die Weltsituation scheint sich ausserordentlich zuzuspitzen. Ein möglicher dritter Weltkrieg ist genauso in greifbare Nähe gerückt, wie die Möglichkeit einer Kooperation möglichst vieler Staaten, die Weltprobleme gemeinsam zu überwinden. Bezeichnenderweise scheint die US-Regierung, den dritten Weltkrieg in Europa und Asien zu bevorzugen, während Russland mit den BRICS-Staaten und der Eurasischen Wirtschaftsunion eine friedliche Lösung anstrebt. Europa, die NATO und die EU scheinen nicht mehr souverän zu funktionieren, denn sie agieren grösstenteils in Widerspruch zu ihren eigenen Interessen und ihrer eigenen Bevölkerung.

Staaten, die sich gegen die westliche Supermacht USA stellen, werden platt gemacht bzw. stark torpediert. Beispiele: Der Irak versuchte sein Oel in Euro zu verkaufen, Lybien versuchte, sein Oel in Gold-Dinar zu handeln. Beide Staatsoberhäupter zählten ihre letzten Tage und die Länder versinken nach US-Bombardements bzw. im Falle Lybiens nach Frankreichs Bombardements, welche durch die US-Regierung angestachelt wurden, im Chaos. Vermutlich sind die Massen-Aufstände in Hongkong erneute Versuche, eine bestehende Regierung zu stürzen, wie es in der Ukraine passiert ist. Vermutlich werden asiatische Passagierflugzeuge deswegen abgeschossen, bzw. stürzen ab, weil diese Staaten Prozesse anstrengen, ehemalige US- und GB-Regierungsmitglieder als Kriegsverbrecher im Irak-Krieg hinter Gitter zu bringen. Vermutlich wird Russland sanktioniert, weil es sich mit den BRICS-Staaten vom US-Diktat und dem schwachen Dollar lösen will. Vermutlich haben wir heute einen viel zu tiefen Oelpreis (2014/2015), weil damit Russland zusätzlich geschwächt werden soll. Diese Informationen sind neu für Sie? Weitere Beispiele von direkten und indirekten US-Interventionen auf der ganzen Welt gibt es genug. Ich verzichte, diese hier alle aufzulisten.

Leider sind jedoch die tatsächlichen Gründe vielfach unbekannt, warum Länder bombardiert, bzw. deren Regierungen aktiv mit neuen Marionetten-Regierungen ersetzt wurden oder werden. Die offiziellen Gründe, welche in den Massenmedien breitgetreten werden, kennen wir alle. Es gibt jedoch immer mehr Leute, welche die wirklichen Hintergründe der US-Interventionen beleuchten und sie insbesondere in freien Medien, z.B. im Internet bekannt machen. Diese Informationen sind zwar teilweise erschreckend, jedoch wichtig zu wissen, um sich in aktuellen Konflikten auf die richtige Seite zu stellen und somit zur Lösung der Konflikte beizutragen, statt sie anzuheizen.

Damit komme ich erneut zum Ukraine-Konflikt. Hier ist wichtig zu wissen, dass die westlichen Mainstream-Medien Unwahrheiten verbreiten. Russland konnte zweifelsfrei beweisen, dass das Passagierflugzeug MH17 über der Ukraine von einem ukrainischen Militärjet abgeschossen wurde. Diese Informationen werden uns im Westen vorenthalten. Die Informationen vom Fahrtenschreiber werden der ganzen Welt vorenthalten, indem einfach gesagt wird, dass nichts aufschlussreiches darauf vorhanden ist. Vom Odessa-Massaker im Mai 2014 gibt es sehr viel Videomaterial, womit die Übeltäter identifiziert und verurteilt werden könnten, wenn denn die Kiewer-Regierung dies wollte. Auch diese Informationen werden uns im Westen verschwiegen. Warum eigentlich? Unsere Meinung soll insofern beeinflusst werden, dass die Kiewer-Putsch-Regierung eine unterstützenswerte demokratische Regierung sei, was aber überhaupt nicht stimmt. Das Gegenteil ist der Fall. Diese Regierung vertritt den russischen Teil der ukrainischen Bevölkerung in keiner Art und Weise und hat diesen sogar sämtliche Unterstützung, Löhne und Renten gestrichen. Diese Kiewer-Regierung hat im russischen Teil Schulen, Spitäler, Wasser- und Heizungs-Infrastrukturen (vor dem Winter) sowie Wohnhäuser beschossen? Auch diese Informationen findet man fast nur in freien Medien. Neo-Nazi-Gruppen können unter dieser Regierung frei agieren, sogar Zivilisten erschiessen, ohne belangt zu werden. Nazi-Fackelzüge, wo russische Journalisten angegriffen und deren Material zerstört bzw. gestohlen wird, toleriert die Kiewer-Regierung ohne Ahndung. Was für eine Demokratie wird denn hier vom Westen unterstützt? Finden Sie nicht, dass wir uns auf die russische Seite stellen müssen?

Deshalb ist es so wichtig, dass wir alle wirklich Bescheid wissen und uns über freie Medien informieren. Ich empfehle deshalb, alle Abos der Massenmedien zu kündigen und nur noch freie Medien zu konsumieren. Im Anhang dieses Buches habe ich einige freie Medien aufgelistet. Es gibt sicher noch viel mehr davon, denn diese spriessen momentan aus allen Ecken.

Wie können freie von unfreien Medien unterschieden werden? Wie können Wahrheiten von Lügen unterschieden werden? Das sind gute Fragen. Es ist nicht einfach. Versuchen Sie die Weltsituation mit den Mainstream-Informationen zu verstehen. Das geht nicht – sie sind vermutlich verwirrt. Versuchen Sie die Weltsituation mit den freien Medien, die im Anhang aufgelistet sind, zu verstehen. Das wird eher zum Verständnis führen. Setzen Sie Logik ein, versuchen Sie zu hinterfragen, wer und warum von Kriegen, Putsch, Marionetten-Regierungen, Bombardements profitiert? Versuchen Sie herauszufinden, welche tatsächlichen Gründe die Interventionskräfte haben, welche logischer sind, als mit Krieg, den Frieden, Demokratie und Menschlichkeit herbeizubomben. Benutzen Sie Ihren gesunden Menschenverstand bei diesen Beurteilungen. Verwenden Sie die in diesem Buch im Kapitel „Was ist zu tun?" aufgeführten Werkzeuge, um Nachrichten kritisch zu hinterfragen. Irgendeinmal werden Sie das Gespür bekommen, um wahre von unwahren Informationen zu unterscheiden.

## 5.1  False Flag-Aktionen

Eine „False Flag-Aktion" ist z.B. ein Terroranschlag unter falschem Namen, d.h. ein Geheimdienst oder ein Staat verübt ein Blutbad und schiebt danach die Schuld des Anschlags einer bestimmten Gruppe in die Schuhe, um damit wirtschaftliche oder politische Ziele zu verfolgen.

Es gibt leider unzählige Beispiele solcher „False Flag Operationen". Sie scheinen insbesondere durch die US-Regierung und die NATO eingesetzt zu werden. Manchmal werden sie benutzt, um Kriege zu entfesseln, z.B. 9/11 oder um Sanktionen gegen einen Staat zu legitimieren, z.B. Passagier-Flugzeug-Abschuss MH17, wobei dieser Anschlag auch gleich dafür genutzt werden konnte, dem Staat Malaysia zu schaden (Malaysia-Airline), weil dieser Staat eine in Kuala Lumpur durchgeführte Verurteilung von Bush und Blair als Kriegsverbrecher zugelassen hat. Bezeichnenderweise wurde der Staat Malaysia, welcher eine Flugmaschine verloren hat, bei der Untersuchung des Unfalls nicht zugelassen. Das wussten Sie alles nicht? Informieren Sie sich in freien Medien!

Insbesondere im Fall 9/11 sind derart viele Fragen heute immer noch unbeantwortet, deren Untersuchungen von den US-Behörden aktiv behindert und verhindert werden, dass man davon ausgehen muss, dass die US-Regierung, wenn nicht die Planerin selbst, doch zumindest darin verwickelt ist. Videobänder, welche aufklären könnten, ob ein Passagierflugzeug in das Pentagon eingeschlagen ist, werden geheim gehalten. Warum? Weil sie etwas anderes beweisen und damit noch weitere Fragen generieren? Warum hat die Untersuchungskommission die Wallstreet-Wertpapierbörse nicht gezwungen, die Namen derer bekannt zu geben, die vor dem Anschlag auf die Abwertung der United- und American-Airline-Papiere gesetzt hatten? Weil sie nichts mit dem Anschlag zu tun haben? Oder sollen diese geschützt werden? Und warum? Diese Leute wussten offensichtlich vor dem Anschlag davon und könnten sehr viel zur Aufklärung des Falles beitragen. Warum also werden die Namen nicht bekannt gegeben? Stattdessen wurden Geständnisse von Inhaftierten durch Folterung genötigt, die dann beweisen sollten, wer die wirklich Schuldigen sein sollen.

So etwas ist keine rechtsstaatliche Untersuchung, sondern Manipulation, Vertuschung und Nötigung. Warum verhält sich die US-Regierung so, wenn sie nicht in die Anschläge verwickelt sein soll? Ist sie es etwa doch? Vielleicht könnte man die Fragen auch anders stellen? Wer profitierte von den Anschlägen? Der Besitzer der Twin-Towers, Larry Silverstein erhielt lukrative Versicherungsgelder, statt kostenintensive Abriss- oder Renovationskosten. Die Spekulanten, welche auf die Abwertung der United und American Airlines setzten, verdienten viel Geld. Die US-Regierung, welche danach „legal" in Afghanistan einen Angriffskrieg führen konnte, um somit einen geopolitischen Vorteil, sowie Erdöl und Pipelines in die eigene Kontrolle zu bekommen, schlug wirtschaftliches und politisches Kapital daraus. Das Pentagon, bei dem ausgerechnet und nur der Teil und die Leute darin zerstört wurden, welche die Untersuchung der im Pentagon verschwundenen Milliarden leiteten, bewahrte die Pentagon-Leitung vor einem Skandal. Denken Sie selber und machen Sie sich Ihr eigenes Bild!

Nach dem Putsch und der verfassungswidrigen Abwahl der Janukowytch-Regierung in der Ukraine im Februar 2014 haben sowohl die USA und die EU die neue Regierung sofort akzeptiert. Es ist heute ein offenes Geheimnis, dass die US-Regierung in diesen Putsch 5 Milliarden Dollar investierte. Wer bezahlte wohl die Scharfschützen, welche beim Maidan diverse Polizisten und Demonstranten erschossen. Die offizielle Version besagte, dass diese Scharfschützen von der Janukowytch-Regierung eingesetzt worden seien. Warum haben sie dann eigene Polizisten erschossen? Eine plausiblere Erklärung wäre doch, dass diese als Provokateure die Gewalt bei der Demonstration anheizen sollten, damit der Putsch zustande kommt, nicht wahr? Und warum wurde die neue verfassungswidrige Regierung vom Westen sofort akzeptiert? Auch die Krim-Abtrennung durch Russland war verfassungswidrig, jedoch nicht völkerrechtswidrig. Aber dieser Verfassungsbruch wurde durch den Westen nicht akzeptiert. Das Odessa-Massaker mit mindestens 48 Toten und die Bombardements der Ukrainischen Armee auf Schulen, Spitäler, Wohnblöcke interessierte den Westen bzw. dessen Presse ebenso wenig wie die tatsächliche Ursache des Absturzes der malaysischen Passagiermaschine MH17. Weil damit die Freiheit und Demokratie der ukrainischen Bevölkerung sichergestellt werden kann? Es geht offenbar eher um geopolitische und militärische Vorteile seitens des Westens, wenn die Ukraine samt Krim in die NATO kommt. Damit verlöre Russland die Schwarzmeer-Flotte, was offensichtlich das Ziel der Putsch-Aktion war. Auf andere Weise lassen sich die westlichen Verhaltensweisen nicht erklären.

Bei den jüngsten Ereignissen Anfang Januar 2015 in Paris, als beim Terroranschlag auf das Satiremagazin „Charlie Hebdo" 12 Menschen ums Leben kamen und 11 weitere verletzt wurden, sollen die vermummten Attentäter in fliessendem französisch Augenzeugen dazu aufgefordert haben, den Medien zu sagen, sie kämen von Al Qaida in Jemen. Und sie hätten gerufen „Allah ist gross" sowie „Wir haben den Propheten gerächt". Interessant ist die Tatsache, dass der französische Präsident Hollande ein paar Tage davor mitteilte, die Sanktionen gegen Russland aufheben zu wollen, sofern es bei einem geplanten Treffen am 15. Januar 2015 in der kasachischen Hauptstadt Astana Fortschritte geben werde. Es wäre nun möglich, dass der Terroranschlag eine Antwort der US-Regierung war, um damit den französischen Präsidenten abzustrafen, bzw. von den Normalisierungen der Beziehungen mit Russland abzulenken. Es wäre auch möglich, dass damit die radikalen Kräfte in der französischen Regierung gestärkt werden sollten oder dass generell die Christen gegen die Moslems gehetzt werden sollten. Es könnte auch ein Ablenkungsmanöver sein, um die Greueltaten gegen die russischsprachige Zivilbevölkerung in der Ost-Ukraine zu verschleiern, welche zeitgleich in der Ukraine durch die ukrainische Armee und Freiwilligen-Batallione geschahen. In den westlichen Medien wurden diese Informationen sozusagen ausgeblendet, weil Charlie Hebdo überall auf den Titelseiten präsent war.

Ich glaube jedenfalls nicht, dass diese Terroristen diese Tat nur wegen ein paar Zeichnungen durchführten. Sie wurden vermutlich entweder benutzt oder es waren Geheimdienst-Agenten unter falscher Flagge, um bestimmte politische Ziele zu beschleunigen, zu erhalten oder zu erzeugen. Auch dafür gibt es zig Beispiele in der Geschichte. Informieren Sie sich z.B. über Gladio-Geheimarmeen in Europa. Es gibt sowohl Informationen im Internet wie auch in Büchern. Gemäss offiziellen Informationen soll es diese Geheimarmeen nicht mehr geben, aber wer weiss, ob das stimmt, bei dem Wahrheitsgehalt, welche die westlichen Mainstream-Medien an den Tag legen...

## 5.2    Löschanträge bei Google in 2014 wie nie zuvor

Gemäss einem Bericht in Xing-News seien 2014 75% mehr Lösch-Ersuche wegen Copyright-Verletzungen eingegangen als im Jahre 2013. Insgesamt seien es 345 Mio. Löschersuchen gewesen.

Diese Information könnte ein Anzeichen dafür sein, dass Versuche unternommen werden, auch im Internet freie Informationen zu unterdrücken bzw. Zensur ähnlich der Mainstream-Meiden zu installieren. Ich vermute jedoch, dass dies nicht möglich sein wird.

## 5.3  Inwiefern können wir selbst aktiv werden?

Wir können einen positiven Ausgang der Ereignisse herbeiführen, wenn wir als erstes darauf achten, uns mit wahren Informationen zu versorgen, statt uns das Gehirn von den üblichen Massenmedien waschen zu lassen. Wenn wir somit über die Wahrheiten verfügen, können wir als zweiten Schritt auf unsere Regierungen einwirken, indem wir z.B. Briefe an diese verfassen oder direkt mit Politikern sprechen, wenn wir persönlich welche kennen. Als dritten Schritt können wir Politiker wählen, welche die Wahrheiten kennen und tatsächlich willens sind, friedliche Lösungen zu erarbeiten und sich notfalls auch gegen die Kriegs-Interessen der US-Regierung stellen. Ein möglicher vierter Schritt könnte sein, auf die Strasse zu gehen und friedlich für mehr Wahrheit, echte Demokratie und gegen Krieg zu demonstrieren. Es gibt genug Möglichkeiten, aktiv zu werden. Voraussetzung dafür ist eben, dass man die wirklichen Wahrheiten kennt. Wichtig bei allen Aktivitäten ist der vollständige Verzicht auf jegliche Gewalt!

Wir stehen bildlich gesprochen am Abgrund einer Felsspalte auf einem Bein und halten im Moment die Balance, denn sowohl die Möglichkeit eines dritten Weltkriegs wie auch die Überwindung aller Probleme scheinen in immer greifbarere Nähe zu rücken. Jede noch so kleine Kraft kann dazu führen, dass wir auf die Abgrund- oder Landseite fallen. Jeder einzelne von uns trägt dazu bei, wie es weiter geht.

Ich bin überzeugt davon, dass wir diese Krise überwinden werden. Mir ist es jedoch ein Anliegen, dass wir es mit möglichst wenig Gewalt und Toten überwinden. Deshalb sage ich hier ganz offen. Russland und die BRICS-Staaten sind friedlicher unterwegs als die US-Regierung und die mit ihnen verbündeten

Juden in Israel. Deshalb empfehle ich allen Bürgern und Staaten, sich den russischen, insbesondere Wladimir Putins Herangehensweisen zu nähern und diese aktiv zu unterstützen. Dieser Mann hat gezeigt, dass seine Lösungen bei Konflikten friedlicher und humaner sind, als die des Westens, z.B. bei Syrien. Ich vertraue der russischen Regierung, dass Sie eine möglichst friedliche Lösung sucht und findet. Die Vergangenheit zeigt uns, dass die russische Regierung seit 1990 mit Präsident Gorbatschow eine friedlichere Politik verfolgt, als es die US-Regierung tut. Wie bereits schon gesagt, scheint die EU nicht souverän zu sein. In diesem Zustand kann sie nicht viel bewirken. Wenn sie sich jedoch vom US-Diktat lösen und somit souverän würde, könnte auch die EU bzw. deren Staaten aktiv zum Frieden beitragen.

In und/oder hinter der US- und Israel-Regierung müssen psychisch kranke Leute am Werke sein, die es zu stoppen gilt. Der Grossteil der amerikanischen Bevölkerung möchte ebenfalls 9/11 aufklären, die Interventionskriege stoppen, welche in der Welt den Terrorismus fördern, statt mindern. Sie möchten, dass die amerikanische Verfassung eingehalten wird, indem Völkerrechte, Menschenrechte, Demokratie und Rechtsstaatlichkeit sowie unsere westlichen Werte hochgehalten und gefördert werden.

Wir, die Bevölkerung aller Staaten sollten deshalb erwachen und aktiv obige Werte durchsetzen in unseren eigenen Staaten. Ohne wirkliche Presse-Freiheit sind unsere westlichen Werte nicht durchsetzbar, im Gegenteil, die Presse-Unfreiheit schützt die Schuldigen, hilft zu vertuschen, statt aufzuklären und untergräbt somit unsere Werte.

Wir sind imstande, die echte Presse-Freiheit wieder zu etablieren. Wir sind fähig, alle Probleme der Welt zu lösen, wenn wir dies wollen und korrekt informiert sind. Wir können die zugespitzte Lage der Welt in eine friedliche Welt verwandeln, wenn wir uns dafür entscheiden, wenn wir lernen Wahrheiten von Unwahrheiten zu unterscheiden, wenn wir Friedensvermittler statt Waffen zu den Konfliktherden der Welt senden, wenn wir die wirklich Schuldigen stoppen, wenn wir alle Gesprächskanäle offen halten, statt sie zu verschliessen.

Es ist möglich, wir müssen uns nur dafür entscheiden!

Es bedarf in der gegenwärtigen Zeit unserer Widerstandsfähigkeit und Beständigkeit immer und überall mit Intelligenz, klarem Urteilsvermögen aber vor allem entschlossener Einigkeit der scheinheiligen Elite die Stirn zu bieten. Wir sind viele, sie aber nur wenige. Sie werden versuchen, uns zu spalten und gegeneinander auszuspielen. Lassen wir das nicht zu!

„Reden ist leicht, handeln ist schwer, verstehen ist am schwersten. Sobald man versteht, ist es leicht, zu handeln"
(Sun Jatsen)

# 6 Anhang

## 6.1 Freie Medien

Die folgenden Medien erachte ich momentan als frei. Es gibt sicher noch viele mehr. Meine Empfehlung: Machen Sie sich selber schlau, statt blindlings den Propaganda-Medien zu vertrauen.

## www.Schiller-Institut.de

Wie ein roter Faden zieht sich durch das gesamte Werk des Dichters Friedrich Schiller der naturrechtliche Grundgedanke, daß es universelle Menschenrechte gibt, die jedem Menschen ins Herz geschrieben sind und auf die sich jeder Mensch berufen kann. In diesem Sinne werden die Aktivitäten des weltweit tätigen Schiller-Instituts seit seiner Gründung durch Helga Zepp-LaRouche im Jahr 1984 von den Grundsätzen bestimmt, daß nur durch die Überwindung der Ungerechtigkeiten des jetzigen Weltwährungs- und Wirtschaftssystems eine würdige Entwicklung aller Völker dieser Erde — und damit ein dauerhafter Frieden — möglich ist. Jedes menschliche Leben auf der Erde ist als Bereicherung aller zu sehen und die unveräußerlichen und universellen Rechte aller Menschen sind zu verteidigen.

## www.Bueso.de

- Seit ihrer Gründung 1992 ist die Partei **Bürgerrechtsbewegung Solidarität (BüSo)** die einzige Partei in

Deutschland, die von Anfang an vor dem Zusammenbruch des spekulativen, globalisierten Weltfinanz- und wirtschaftssystems gewarnt und eine neue gerechte Weltwirtschaftsordnung gefordert hat. Die BüSo-Bundesvorsitzende Helga Zepp-LaRouche setzte zu diesem Zweck 1998 eine Kampagne zur Schaffung eines „Neuen Bretton Woods"-Systems in Gang, die zwischenzeitlich von vielen internationalen Persönlichkeiten unterstützt wurde.

- Die BüSo verteidigt das Recht auf Leben gegen alle Versuche brutaler Sparpolitik, menschliches Leben nach Kostendenken zu bewerten. Sie versteht sich als Teil einer internationalen Bürgerrechtsbewegung, die für die unveräußerlichen Rechte aller Menschen kämpft. Ihr Name ist auch ihr Programm. Solidarität mit den Nachbarn im eigenen Land, aber auch in anderen Ländern, vor allem in Afrika, ist die Voraussetzung zur Lösung der Krise.

## www.Antikrieg.TV

ist eine Initiative, die Gegenöffentlichkeit schaffen will. Wir verweisen auf verschiedene deutschsprachige Medienbeiträge sowie ins Deutsche übersetzte, ausgewählte Beiträge z.B. von Democracy Now (USA), Russia Today, Telesur (Lateinamerika) Press TV (Iran) und China International

## www.europaobjektiv.com

**Europa Objektiv** (EO) – ein neues Medienprojekt, das von unabhängigen Journalisten und Politikwissenschaftlern im September 2014 gegründet wurde. Das

Projekt wird ausschließlich durch unsere Autoren finanziert und hat keine politischen oder wirtschaftlichen Verbindungen mit staatlichen Organisationen. EO stellt sich das Ziel über wichtigste geopolitische, politische, wirtschaftliche und soziale Ereignisse und Probleme im heutigen Europa zu berichten. Dazu schreiben wir nicht nur eigene Artikel. Artikel und Videos aus verschiedensten Quellen werden auf der Internetpräsenz veröffentlicht (darunter auch Übersetzungen), um möglichst viele Sichten auf aktuelle Probleme zu präsentieren. Damit rufen wir zur selbstständigen Analyse auf. Je mehr Quellen, desto objektiver das Bild.

## www.Quer-Denken.TV

- Michael Friedrich Vogt, bekannt aus ca. 400 eigenen Sendungen auf secret.TV und Alpenparlament.TV und zahlreichen Interviews und Vorträgen auf nuoviso.tv, bewusst.tv, time to do, Kulturstudio etc., startete im November 2013 mit seinem eigenen Internetportal: www.Quer-Denken.TV. Quer-Denken als eine freie Plattform für freie Geister.

- Der Name ist Programm: Der nonkonforme Querdenker präsentiert besondere Menschen, die sonst gar nicht zu Wort kommen, deren Auffassungen unterdrückt, zensiert oder verfälscht werden und greift deren Themen, Analysen und vor allem Lösungen auf und bietet – neben Aufklärung über die Machenschaften der Herrschenden - angesichts einer immer kritischer werdenden Zeit konkrete Auswege und Lösungen für die Zukunft: eine freie Plattform für freie Geister. Die Demaskierung des Brüssler Finanzfaschismus' und des-

sen Auswirkungen stehen dabei ebenso auf der Tagesordnung wie sofort umsetzbare Angebote für einen
selbstbestimmten, freien und autarken Bürger.

- www.Quer-denken.TV umfaßt gleich mehrere nonkonforme, querköpfige Internet-TV-Sender der Neuen, be-
wußten Zeit zum Aufwachen, die hinter die Kulissen
schauen und aufzuklären und läßt sich dabei von folgenden Prinzipien leiten:
  o unbeugsam, unzensiert & investigativ
  o nonmainstream, unbestechlich & ohne Lob-
    byinteressen
  o bürgernah, human & mit Respekt vor Tier und
    Natur
  o lösungs- & zukunftsorientiert & autarkiebetont
  o international, national & regional

## www.Klagemauer.tv

Alternative Nachrichten aus St. Margrethen

## www.EineneueZeit.ch

Ich sehe eine Zuspitzung der Weltlage, einerseits der
transatlantischen negativen Kraft, aber auch einer positiven Strömung z.B. den BRICS-Staaten, welche eine
multipolare Welt vertreten, statt der von der USA ge-
forderten unipolaren US-Weltherrschaft. Während die
bankrotte Supermacht USA mit TTIP, TPP, TISA, Ceta
und einem gewollten heissen oder kalten Weltkrieg gegen Russland und China versucht, ihren Dollar, die Wirtschaft und ihre Hochfinanz zu retten, erweitern sich die
BRICS-Staaten, welche nachweislich ein besseres

Wachstum projizieren, eine eigene Entwicklungsbank errichtet haben und sich damit vom US-Diktat lösen.

## www.Impulswelle.ch

- Wir sind eine Gruppe politisch unabhängiger Bürgerinnen und Bürger, die sich beherzt für eine dringend notwendige Finanzreform in der Schweiz und weltweit einsetzt.

- Wir orientieren uns am Erforderlichen und Machbaren. Unsere Mittel der Wahl sind sachliche Information und pragmatische Lösungen, die von den erfolgreichen Vorbildern der Vergangenheit inspiriert sind.

- Unser Anliegen ist es, das Gemeinwohl zu fördern, das die Grundlage für eine blühende Kultur in jedem Land darstellt.

## www.uncutnews.ch

Ungeschnittene und freie Medien aus Winterthur

## www.lovb.ch

Lösungsorientierte Volksbewegung. Wir packen die Probleme an der Wurzel und kreieren gemeinsam Lösungen dafür, die das Wohl aller Lebensbereiche beinhalten. Innere Werte sollen dabei wahrgenommen und die äusseren Strukturen harmonisch danach ausgerichtet werden, so dass wir uns alle wohlfühlen können - in einer sinnvoll organisierten Schweiz.

## www.Siper.ch

- Das SIPER (Schweizer Institut für Friedensforschung und Energie // Swiss Institute for Peace and Energy Research) wurde als unabhängiges Institut 2011 in Basel gegründet. Das SIPER untersucht unter der Leitung von Dr. Daniele Ganser aus geostrategischer Perspektive den globalen Kampf ums Erdöl und das Potential von erneuerbaren Energien. Das SIPER kommuniziert seine Daten der interessierten Öffentlichkeit und wird von engagierten Partnern aus der Wirtschaft unterstützt.

- Das SIPER verfolgt eine klare Vision: 100 % regenerative Energieversorgung und Ausstieg aus der Gewaltspirale. Dies bedeutet, dass im Bereich der Energieforschung das SIPER eine Welt anstrebt, die durch rein erneuerbare Energien nachhaltig versorgt wird. Im Bereich der Friedensforschung verfolgt das SIPER die Vision einer Welt, in der Konflikte im Dialog und mit Respekt gelöst werden - ohne Gewalt, Folter, Terror und Krieg.

## www.SputnikNews.com

- Am 10. November 2014 wurde auf dem globalen Medienmarkt ein großes Projekt unter dem Markennamen Sputnik gestartet.

- Sputnik zeigt den Weg zu einer multipolaren Welt, die auf der Achtung der nationalen Interessen, Kultur, Geschichte und Traditionen eines jeden Landes aufgebaut ist.

- Sputnik berichtet über das, worüber andere schweigen. Sputnik füllt eine einzigartige Nische als alternative Nachrichtenquelle und Radiosender.

- RT International gehört zu den renommiertesten Medien-Gruppen mit globaler Ausrichtung und sendet in englischer, spanischer, arabischer, deutscher Sprache.

- In mehr als 100 Ländern der Welt wird RT von mehr als 664 Millionen Menschen gesehen. Der RT YouTube-Kanal knackte als erster News-Kanal die Milliardengrenze und steht mittlerweile bei über 1,3 Milliarden Aufrufen. Zum Vergleich, CNN kommt nur auf 541 Millionen (Stand November 2014). Persönlichkeiten wie Wikileaksgründer Julian Assange und der legendäre US-Moderator Larry King moderieren Sendungen auf RT.

- RT-Dokumentationen und Nachrichten-Sendungen erhielten den Monte Carlo TV Festival Award und waren mehrmals für den Emmy News Award, u.a. für unsere Berichterstattung über die Occupy Wall Street-Bewegung nominiert.

- Dass RT nun auch in deutscher Sprache produziert wird, ist nicht zuletzt der Initiative tausender Menschen im deutschsprachigen Raum zu verdanken, die eine Kampagne  starteten, mit dem Ziel, RT- Berichterstattung als eine alternative Informationsquelle, abseits des Mainstreams, auch in deutscher Sprache zu ermöglichen. Die Ukrainekrise hat beispielhaft gezeigt, in welchem Ausmaß die etablierte deutschsprachige Medienlandschaft von einer einseitigen, oft sehr manipulativen und überaus simplizistischen Sicht der Dinge geprägt ist.

- Mit dem deutschsprachigen Programm von RT wird einem einseitigen und oft interessengetriebenen Medien-Mainstream ein Gegenstandpunkt gesetzt.

# 

- Die Menschen in Russland und Europa sollten näher zusammenrücken und beginnen sich auf die wesentlichen und notwendigen Aufgaben in der Gesellschaft zu besinnen. Nicht erst wenn die Bedrohung näher rückt und die Konsequenzen zu schmerzen beginnen.
- **Wir stammen aus Russland.**

  Russland erzeugt immer negative Schlagzeile und wird politisch sehr schlecht dargestellt. Wir sind dagegen, fasziniert von Russland, der Russischen Kultur, Literatur und selbstverständlich Politik, sowie den Russen als Volk.
- **Wir glauben an Russland.**

  Der Konflikt zwischen den USA und Russland bereitet auch den Europäern schwere Sorgen. Wir wissen es genau, dass Russland mit allen schwierigen Aufgaben klar kommt und zum Frieden beiträgt.
- **Wir vertreten Russland.**

  Wir liefern Hintergründe und Informationen zu Russland um die Russen und das Leben in Russland für den Westen verständlicher zu machen.
- **Wir verstehen Russland.**

  Russland ist und wird wohl für einen Ausländer immer ein grosses Rätsel bleiben. Wir nehmen unsere gesellschaftliche und wirtschaftliche Verantwortung wahr und setzen uns für ein besseres Verständnis unter den Völkern ein.
- **Wir lieben Russland.**

  Russland als Land hat sehr viel zu bieten. Alle Interessenten an Russland können hier vieles über Russland nachlesen.

# www.Free21.org/de

- Free21.org ist eine global ausgerichtete Plattform für journalistische Beiträge und qualifizierte Debatten. Alle Artikel werden typographisch so gesetzt, dass sie heruntergeladen und auf DIN A4 Papier ausgedruckt werden können. Die Artikel werden durch Photos ergänzt und mit einem Quellenverzeichnis versehen. Alle Artikel auf Free21.org können in jeder Form von den Nutzern frei geteilt und verbreitet werden, sowohl online als auch im PDF-Format.
- Free21.org funktioniert als Netzwerk-Projekt. Wir beziehen Beiträge von Fachleuten aus den verschiedensten Fachgebieten mit ein.
- Zusammen arbeiten wir daran, in einem Zeitalter der Verwirrung die Tatsachen herauszufinden und über sie zu berichten. Wir wollen ein qualitativ hochwertiges und unabhängiges Medium schaffen, dass frei von den Zwängen und Einschränkungen großer Medienkonzerne agieren kann.

# www.Contra-Magazin.com

- Unabhängig, unbestechlich, unzensiert! Es erwarten Sie hauptsächlich Artikel zu politischen, wirtschaftlichen und gesellschaftlichen Themen. Unsere Schwerpunkte liegen hierbei auf dem deutschsprachigen Raum und der Europäischen Union. Im Zuge der Krisen und Kriege in Osteuropa, der arabischen Welt und Teilen Asiens richten wir verstärkt den Focus auf Geopolitik aus.
- Grundsätzlich versuchen wir ein kritisches Sprachrohr für ein freies, demokratisches, soziales und pluralistisches Europa zu sein. Hierbei will das Contra-Magazin

den Artikelautoren möglichst viele Freiräume zugeste-
hen und die Meinungsvielfalt und -freiheit vollumfänglich im Rahmen der geltenden österreichischen Gesetze
respektieren. Während die meisten Zeitungen und Magazine in ihrer Ausrichtung recht einheitlich sind, möchten wir mit dem Contra-Magazin auch differierende Positionen zu den unterschiedlichsten Themen und Neu-
igkeiten veröffentlichen. Meinungsvielfalt sichert erst
eine unabhängige und kritische Sichtweise von unter-
schiedlichen Standpunkten aus, so dass auch komplexe
Themen umfassend beleuchtet werden können. Hierbei wollen wir versuchen, auch tagesaktuellen Neuig-
keiten eine persönliche Note zu geben.

- Wir sehen die absolute Pressefreiheit als unabdingbar
für eine pluralistische Demokratie an, und versuchen
durch eine investigative journalistische Tätigkeit ohne
Rücksicht auf parteipolitische Befindlichkeiten für eine
authentische Berichterstattung zu sorgen. Dafür stehen
wir mit unserem Namen.

## www.Anti-Zensur.info

- Immer mehr Menschen kommen zu der Überzeugung,
dass die Massenmedien keine vertrauenswürdigen Die-
ner der Öffentlichkeit mehr sind. Aus diesem Grund
veröffentlicht u.a. eine kalifornische Universität jedes
Jahr eine Rangliste der wichtigsten Meldungen, die die
amerikanischen Medien nicht publizierten. Diese Liste
nennt sich „zensierte Projekte" (www.pro-
jectcensored.org)
- Auch unsere Gesellschaft hat ein Anrecht auf unzen-
sierte Berichterstattung. Denn auch uns unterschlagen

die Medien jährlich viele existenziell wichtige Informationen. Dafür gibt es zunehmend handfeste Beweise. Teils bewusst teils unbewusst enthalten sie der Öffentlichkeit zahllose Veröffentlichungen oder Gegendarstellungen einfach vor. Kein Mensch und auch keine Regierung hat ein Recht, so gewichtige Gegendarstellungen vorzuenthalten, die uns als Gesamtbevölkerung betreffen, denn wir besitzen ein volles Informationsrecht.